Georg Goetz

Leben Herrn Johann Christoph Stockhausens Konsistorialraths

und Superintendenten der sämtlichen Ev. Lutherischen Kirchen und Schulen

Georg Goetz

Leben Herrn Johann Christoph Stockhausens Konsistorialraths
und Superintendenten der sämtlichen Ev. Lutherischen Kirchen und Schulen

ISBN/EAN: 9783743620933

Hergestellt in Europa, USA, Kanada, Australien, Japan

Cover: Foto ©ninafisch / pixelio.de

Manufactured and distributed by brebook publishing software
(www.brebook.com)

Georg Goetz

Leben Herrn Johann Christoph Stockhausens Konsistorialraths

Leben

Herrn

Johann Christoph Stockhausens

Konsistorialraths und Superintendenten der sämtlichen
Ev. Lutherischen Kirchen und Schulen in der Graf-
schaft Hanau-Münzenberg, ersten Predigers bei
der Ev. Luth. Gemeine in Hanau, der Fürstl.
Hessischen akademischen Societät zu Giessen,
der deutschen Gesellschaften zu Göttingen
und Helmstädt, der lateinischen zu
Karlsruh, der Kön. Preußischen zum
Nutzen der Wissenschaften und
Künste in Frankfurt an der Oder,
und der naturforschenden
Gesellschaft in Halle
Mitglieds

mit dessen Kupferstiche

entworfen

von

Georg Friederich Götz,

Prediger bei der ev. luth. Gemeine in Hanau und Lehrer
der Durchl. Prinzeßinnen zu Hessen.

Hanau,
gedruckt in der ev. reform. Waisenhausbuchdruckerei
durch Joh. Carl Arnold Werner 1784.

Verehrungswürdige Freundin!

Wem anders, als Ihnen, könnte ich diese Bogen mit mehrerem Rechte widmen? Denn für wen können sie wegen ihres Gegenstandes wichtiger sein, als eben für Sie? Zwar werden Sie den gerechten Schmerz erneuern, den Sie über den Verlust eines geliebten Gatten empfinden. Aber oft liegt auch in dem Gefühle des Schmerzens lindernder, heilender Trost, und den gebe Ihnen die weise und gütige Vorsehung, die alles gut macht, in immer reicherem Maaße!

Selbst die Freundschaft, deren mich nicht nur der Seelige gewürdigt hat (o wie viel Wichtiges liegt für mich in dieser Rückerinnerung!) sondern die ich auch von Ihnen, theuerste Freundin, genossen habe, und noch jetzt genieße, macht es

mir

mir zur angenehmsten Pflicht, Ihnen durch
die Ueberreichung dieser wenigen Bogen
öffentlich zu beweisen, wie sehr ich diese
Gewogenheit schätze, und wie gerührt ich
Ihnen für die vielen Beweise derselben
danke. Meine angelegenste Bitte ist diese, daß Sie mir die Fortsetzung dieser mir
so schätzbaren Freundschaft schenken mögen, und dieser Bitte füge ich die unge-
heuchelte Versicherung hinzu, daß ich immer mit der aufrichtigsten Hochachtung
sein werde

Ihr

gehorsamster Diener
Georg Friederich Götz.

Vorbericht.

Man wird es diesem Entwurfe sogleich anse=
hen, daß es eben derjenige ist, der schon in
dem Hanauischen Magazine abgedruckt ist.
Allein auch schon eine flüchtige Vergleichung wird
jeden lehren, daß er dennoch vor diesem viele Vor=
züge hat. Ich will jetzt dessen nicht gedenken, daß
dieser besondre Druck mit dem wohlgetroffenen
Kupferstiche des seeligen Herrn Superintendenten,
der mit dem Fleiße, wie man es von einem Gey=
ser erwarten kann, gearbeitet ist, geziert ist. Es
wird in die Augen fallen, daß dieser Entwurf in
manchen Stücken berichtigt und an vielen Stellen
gegen jenen im Magazine zum Theil beträchtlich
vermehrt ist, weil mir manche Nachrichten erst
nach dem Abdrucke des Magazins zu Theil wur=
den, wovon ich aber noch in diesem besondern Ab=
drucke Gebrauch machen konnte. Die spätere Er=
scheinung desselben ist durch den nothwendigen Auf=
enthalt des Kupferstiches veranlasset worden.

Wer sich bei seinen Handlungen keiner unlau=
tern Nebenabsichten bewußt ist, den wandelt auch
nicht leicht die Furcht an, daß man seine Reden und
Handlungen mißdeuten werde. So gieng es mir
auch bei der Ausarbeitung dieser Lebensbeschreibung.
Doch da ich sie jetzt mit einer heitrern Seele in ei=
nem gesündern Körper durchlese, als ich bei der
Ausarbeitung (und ich muß erinnern, daß dieser
besondre Abdruck mit den Magazinstücken, worin
eben dieser Aufsatz steht, zugleich gemacht worden
ist) nicht hatte, so wünsche ich jetzt darin manches
anders, das vielleicht mißdeutet werden kann, viel=
leicht auch schon mißdeutet worden ist. Ich finde
daher für nöthig, folgendes noch hinzuzufügen.
Zuerst muß ich erinnern, daß ich eines Zugs des
Karakters des Seeligen zu gedenken, gänzlich ver=
gessen

geffen habe, den man zwar schon nach dem übrigen Gemälde voraussetzen kann, der aber doch hätte angeführt werden müssen; seine kollegialische Freundschaft. Zwar kann ich hierüber in Ansehung Lüneburgs und Darmstadts keine besondere Nachrichten geben. Indessen darf ich seine beiden hiesigen Kollegen, die Herren Blum und Vulpius getrost zu Zeugen aufrufen, daß auch dieser schöne Zug in seinem Karakter nicht fehlte, so wie hingegen der Seelige oft die Freundschaft rühmte, die auch ihm diese beiden würdigen Männer erwiesen, und die er ihnen noch auf seinem Sterbebette mit vieler Rührung verdankt hat. Ich füge nun noch überhaupt dieses hinzu. Wenn ich die Genauigkeit und Gewissenhaftigkeit des Seeligen in seinen Amtsverrichtungen gerühmt habe, die er als erster Prediger der luther. Gemeine bewiesen hat, so erfüllte er zwar nur damit die Pflichten seines Amtes; ist und bleibt es aber nicht jederzeit rühmlich, wenn Jemand bei so vielen Geschäften seine Pflicht gewissenhaft thut?

Endlich finde ich noch die Erklärung nöthig, daß ich in dem letzten Bogen meines Aufsatzes nicht die Arbeiten der Prediger bei der hiesigen Ev. luth. Gemeine habe schildern, am wenigsten die Kollegen des seeligen Stockhausen einer Unthätigkeit gleichsam beschuldigen wollen, wenn ich dem Publikum die vielen Geschäfte seines Amtes bekannt machte. Denn nicht ein jeder Leser konnte es wissen, daß ein Superintendent in Hanau zugleich erster Prediger sei, und als erster Prediger bei dieser grossen Gemeine so viele Amtsgeschäfte zu verrichten habe, wenn gleich seine Kollegen mit Treue und Fleiß arbeiteten, und ihm, wie es bekannt ist, oft manche seiner besondern Amtsverrichtungen abnahmen. Dieß mag genug sein, um allen Mißdeutungen vorzubeugen. Hanau am 20 Dec. 1784.

———

Welch

Welch eine feierliche, rührend feierliche mit trauri‐
gem Düster umhüllete Stunde! — So rüh‐
rend, so feierlich, war in meinem Leben mir lan‐
ge, vielleicht nie, keine. Zwar war sie mir
auch rührend, jene Stunde, in der die Vorsicht mir
meinen irrdischen Vater entriß; aber noch war das
mals das jugendliche Herz nicht so fühlend, als
jetzt in reiferen Jahren. Und war mir der, den man
jetzt zu Grabe trägt, nicht auch Vater, Freund,
Rathgeber, Beispiel? — Da tönt sie jetzt, unsere
grosse Sterbeglocke, dumpf und feierlich durch die
Lüfte, noch einzeln; bald werden sich die übrigen
noch feierlicher mit ihr vereinigen, um die trauren‐
den Freunde zur Grabesbegleitung — ach was für
ein schwerer Beweis der Freundschaft! — zu rufen,
und in allen, die sie hören, den Gedanken an Tod,
Grab, Verwesung, Ewigkeit zu erwecken. Sei sie
doch, diese Erweckung, von bleibender Kraft, da‐
mit, mancher wenigstens, dem, was Young sagt,
durch die That widerspreche, „daß alle Menschen
„ im Begrif sind zu leben, und ewig an der Schwel‐
„ le der Geburt stehen; „ — „ daß der Mensch im
„ dreißigsten Jahr argwöhne, daß er selbst ein Thor
„ sei; es im vierzigsten Jahr wisse, und seinen Plan

A   „ ver‐

„ verbeſſere; im fünfzigſten ſeinen ſchädlichen Verzug
„ ſchelte, und ſeinen klugen Vorſatz zur Entſchlieſſung
„ treibe; ſich mit der ganzen Tapferkeit der Gedan-
„ ken entſchlieſſe; ſich entſchlieſſe, und ſich wieder
„ entſchlieſſe; und eben derſelbe ſterbe. „ — Er
ſchlummere ſanft, den man jetzt zu Grabe begleitet.
O daß doch nicht unſere zu lauten Klagen — ſo
ſchmerzlich, ſo bitter, ſo tief beugend auch unſer
Verluſt iſt — die Ruhe des Entſchlummerten ſtören
mögen! Denn was iſt der Tod? „ der Befreier, welcher die Menſchen errettet; der Vergelter, welcher
den Erretteten krönt; der, welcher allen Sorgen,
Arbeiten, Tugenden, Hofnungen, Wirklichkeit
ſchenkt, die ohne ihn Chimären ſein würden ; das
Ende aller Pein, nicht aller Freude; „ aber auch —
„der groſſe Rathgeber, welcher den Menſchen mit jedem edlern Gedanken, und mit jeder vortreflichern
That begeiſtert. „ Wohl dem unter denen, die noch
leben, für die er das letztere iſt! — Wohl uns,
wenn wir unſern groſſen Arzt, das Grab, täglich
um Rath fragen, das iſt der einzige Weg zur Gene-
ſung. Und welches Grab kann uns am beſten rathen? — Das Grab eines Freundes. „ Unſere ſter-
benden Freunde, ſagt Young, ſollen unſern rauhen
Pfad zum Ende bahnen, jene Hinderniſſe von
Schrecken und Abſcheu, welche die Natur uns in
Weg legt, durchbrechen; und uns dadurch unſern
Haven vor jedem Sturme, ſo willkommen als ſicher
machen. — Entſeelte Freunde ſind Engel zu Bott-
ſchaften voller Liebe ausgeſandt; für uns ermatten
ſie, und für uns ſterben ſie. Und ſollen ſie vergebens
ermatten, vergebens ſterben? Wollen wir undank-
bar ihre um uns ſchwebende Schatten betrüben?
Wollen wir ihre ſtille ſanfte Bitte, ihre zärtlichen Er-
innerungen, die ſie uns auch todt noch geben, und
ihr frommes Gebet verſchmähen? „

Doch

Doch meine Empfindungen reiſſen mich faſt un⸗
aufhaltſam dahin. Verzeihe Leſer, wenn in dieſer
feierlichen Stunde mein traurender Geiſt, mich
gleich anfangs von meinem Hauptzweck ableitete;
aber gewiß fühlt auch noch mancher Edle mit mir
gleiche Empfindungen, und dann bedarf ich keiner
Entſchuldigung. Ich will jetzt das Leben Stockhau⸗
ſens, des Verewigten, erzählen, und den edlen Mann,
den ächten Chriſten, ſo wie er war, ohne Schmei⸗
chelei ſchildern, ſo gut es meine Feder, die eine zit⸗
ternde und noch von eigner Krankheit matte Hand
führt, gleich am Tage ſeiner Beerdigung vermag; an
dem Tage, an welchem auch ihm ſo viele verdiente
Thränen nachgeweint werden, wie er von ſeinem
Vorfahrer, in ſeiner Antritspredigt, ſelbſt bekennen
konnte. Gewiß war er ein guter Nachfolger deſſel⸗
ben, und nun iſt er auch dort, wo er den Preis der
Vollendung erreichen wird.

Ich will dieſe Stelle mit ſeinen eignen
Worten meinen Leſern hier in das Gedächtniß zu⸗
rückrufen. Denn nach meiner Ueberzeugung kann
man Niemanden beſſer ſchildern, als wenn man ihn,
bei der Erzählung ſeiner Thaten, auch oft mit ſeinen
eignen Worten reden läßt. Dieſer Grundſatz ſoll
mich auch in der Folge leiten. In dem Eingang zu
ſeiner Antrittspredigt bei uns, ſagte der Verewigte
von ſeinem Vorgänger, dem ſeeligen Walther: „ Ein
„ rechtſchaffener Iſraelit, in welchem kein Falſch
„ war, und welcher wohl in Abſicht ſeines ganzen
„ Charakters, als ſeiner Amtstreue inſonderheit, die
„ Thränen verdient, die ſeinem Sarge nachgeweint
„ worden ſind. Dieſer würdige Mann war mein
„ Freund, noch ehe ihn und mich die Vorſehung in
„ dieſe Gegend zurückgeführt hatte, als uns in ei⸗
„ nem fremden Lande gleiche Abſichten und Neigun⸗

A 2   „ gen

„ gen zu den Wissenschaften zusammen verbanden.
„ O könnte er es wissen, daß ich sein Nachfolger an
„ dieser Stätte geworden bin: gewiß er würde uns
„ mit Freuden den Seegen des Höchsten zu dieser
„ neuen Verbindung unter uns herabwünschen. Er,
„ der uns alle liebt, und dem es auch in der Ewig-
„ keit nicht gleichgültig sein kann; ob seine hinter-
„ lassene Zuhörer, die noch auf dem Weg dahin
„ sind, von einem guten Nachfolger geleitet werden,
„ oder nicht. Sein Andenken soll uns auch in die-
„ ser Gemeinde stets werth bleiben, bis wir alle da-
„ hin kommen, wo wir den Preis der Vollendung,
„ welchen er schon so früh erhalten hat, gleichfalls
„ erreichen werden. „ — —

Johann Christoph Stockhausen wur-
de zu Gladenbach in Oberhessen am 20 October
1725 gebohren, und war der jüngste unter seinen
Brüdern. Sein Vater war M. Anton Daniel
Stockhausen, Oberpfarrer zu Gladenbach, und seine
Mutter Anna Maria des Hof- und Landraths
Oldekopp aus Wolfenbüttel Tochter. Er
legte selbst *) folgendes Geständniß von seinen Aeltern ab: „ Wer das Glück hat, rechtschaffe-
„ ne Aeltern zu verehren, der findet an ihnen nicht
„ nur seine ersten zeitlichen Wohlthäter, sondern
„ auch seine ersten Hauptleiter zu Gott. Ich und
„ mein Haus wollen dem Herrn dienen, so ist ihre
„ Entschliessung, und so erziehen auch gute christliche
„ Aeltern ihre Kinder in der Furcht und Vermahnung
„ zum Herrn. Ach ich hatte sie, solche gute Aeltern.
„ Noch verehr ich ihre Asche. Zwar früh der besten
„Mut-

*) Aus seiner zwei Tage nach seinem 50sten Geburtstag
an seinem Geburtsort gehaltenen Predigt s. Predigten
über gewählte Terte 1. Theil Frankfurt 1777.

„ Mutter beraubt, die ich kaum gekannt haben konn-
„ te, wie ihr Leichenstein bezeugt, den ich noch ge-
„ stern dort mit neuer Wehmuth betrachtet habe,
„ genoß ich doch lange (freilich nach meinem Wun-
„ sche nicht lange genug) die Unterweisung und das
„ Exempel eines guten Vaters, eures und meines
„ Lehrers, der nun schon fast 30 Jahre bei seiner
„ zweiten Gemeinde unter ihren Gräbern in der Stil-
„ le ruht. Was für Lehren, was für unvergeßliche
„ Lehren prägte er nicht meinem noch zarten Her-
„ zen frühe ein. Willst du glücklich sein, (das
„ erinnere ich mich noch oft, in seiner Stube, und
„ unter freiem Himmel bei manchem Spaziergang,
„ von ihm gehört zu haben,) willst du glücklich sein,
„ so fürchte doch von Herzen Gott, und wandle auf
„ seinen Wegen. Es ist etwas grosses, und sehr ge-
„ seegnetes, den Herrn in der Jugend zu fürchten. Der
„ Jüngling wird seinen Weg unsträflich gehen, und
„ wenn er Greis wird, hat er dennoch den Stab
„ seines Alters an dem Gott seiner Jugend. Die
„ Gottseeligkeit ist zu allen Dingen nuß, (dies schrieb
„ er mir noch, bei meiner ersten Trennung von ihm,
„ zum Andenken in mein Erinnerungsbuch;) die
„ Gottseeligkeit ist zu allen Dingen nuß, und hat die
„ Verheißung dieses und des zukünftigen Lebens. Der
„ gute Vater! Ich kann auch sagen, meine geliebte
„ Zuhörer, die ihr sein Gedächtniß noch schäßet,
„ daß er so lebte, wie er lehrte, daß er so starb, wie
„ er lebte.„ — —

Könnte ich wohl eine bessere Zeichnung seiner vortreflichen Aeltern, glaubwürdigere Nachrichten von der guten Erziehung, die er in seinen ersten
Jahren von ihnen genoß, — aber auch einen stärkern
Beweis von seiner kindlichen Liebe und Dankbarkeit
geben, als diese rührenden Ausdrücke seines eignen

A 3   schö-

schönen Herzens? Wie viel ließ nicht eine solche Er‐
ziehung, die er, der selbst bei reifern Jahren so viele
gründliche Einsichten in die Erziehung, theils in sei‐
nen Schriften, theils bei der Ausübung seiner Amts‐
pflichten zeigte, rühmen muste, erwarten? Und die
Folge hat der Erwartung völlig entsprochen. — O!
wann wird man doch einmal die ganze Wichtigkeit
der Erziehung nicht nur einsehen, (denn genug wird
davon gesprochen, aber desto weniger gethan,) son‐
dern auch anhaltend, und sich immer gleich, nach
dieser Einsicht handeln, ohne durch irgend etwas sich
darin irre machen zu lassen. Nur dann erst dür‐
fen wir bessere und häufigere Früchte der Erziehung
erwarten. — Von seinem Vater genoß er nicht nur
diese gute Erziehung, sondern auch die ersten Unter‐
weisungen, auch in den Anfangsgründen der Wissen‐
schaften, so viel es sein mühsames Amt erlaubte;
denn er glaubte, es seinen Kindern schuldig zu sein,
auch ihr Lehrer, und also in mehr als einem Verstand
ihr Vater zu sein. Wer ist auch wohl zu diesem er‐
sten Unterricht fähiger, und von wem läßt sich so
viele Geduld und Liebe, als hiezu nöthig ist, am er‐
sten erwarten, als von einem einsichtsvollen guten
Vater, und dennoch, wie häufig wird das, theils
um der Bequemlichkeit, theils um der Mode, theils
um so mancher andern geringen Ursache willen, verkannt.
Freilich beruhigen sich rechtschaffene Aeltern hierbei
nicht allein; sie sind überzeugt, daß der Unterricht
andrer Lehrer wieder auf der andern Seite in mancher
Rücksicht Vorzüge vor dem väterlichen hat. Auch
Stockhausen hatte ausser seinem Vater andere
Haus‐ und öffentliche Lehrer: „ Ich habe, so sagt er
„ selbst, *) das Glück gehabt, (und dankbar preise
„ ich es noch heute an dieser Stätte, einige vorzüg‐
lich

*) a. a. O.

„ lich gute Lehrer meiner Kindheit, und erſten Ju=
„ gend zu genieſſen. Ich erinnere mich noch mit er=
„ kenntlicher Hochſchäzung einiger würdiger Män=
„ ner, welche die erſten ungewiſſen Schritte meiner
„ Kindheit mit Menſchenliebe leiteten, die meinen
„ Verſtand in der Folge aufklärten, mein Gedächt=
„ niß mit nüzlichen Erkenntniſſen anbauten, mein
„ Herz zum Guten ermunterten, und ihm ſeine Feh=
„ ler nicht unbemerkt ließen. Friede ſchwebe über
„ ihrer Aſche, wo ſie ruhen, und Heil wiederfahre
„ denen, die noch von ihnen leben. „ — Es thut
mir leid, daß ich jezt nicht die Namen dieſer würdi=
ger Männer alle anführen kann, denn gewiß wird
jeder mit mir übereinſtimmen, daß der Name eines
ſolchen Mannes mehr verdient genannt zu werden,
als der eines Alexanders. Zwar rühmte er oft gegen
die Seinigen einen gewiſſen Haberkorn mit dank=
barer Erinnerung an ihn, als ſeinen Lehrer, und er
verdient alſo, daß wir ſeinen Namen hier aufbehal=
ten. Doch hat uns auch Stockhauſen ſelbſt, ver=
ſchiedene derſelben bei einer öffentlichen Gelegenheit *)
aufbehalten. Nachdem ſein Vater über 25 Jahr
lang zu Gladenbach geſtanden hatte, ſo rief ihn Gott
nach Kirtorf, gleichfalls in Oberheſſen, wo er Me=
tropolitan wurde, als unſer Stockhauſen 13 Jahre
alt war. Der damalige Rektor zu Kirtorf, Johann
Reinhard Schmid, den Stockhauſen ſelbſt einen
frommen und gelehrten Mann nennt, ward ſein Leh=
rer. Doch ich komme noch einmal nach Gladenbach
zurück, um noch einige Züge von ſeiner ſchönen gu=
ten Jugendſeele, wie ſie ſich ſchon in ſeinem 13 Jahr
zeigte, zu ſchildern. Ich will das wieder mit ſeinen
eignen Worten thun, die um deſto glaubwürdiger

A 4　　　　　　ſind,

_____

*) Programma de Conrectoribus Johannei Lüneburgi
1762. S. 25.

sind, da er sie an einer Stätte sprach, an der sich
von einem Manne, wie er war, nichts als reine
lautere Wahrheit erwarten läßt, an der er selbst bei
dieser Gelegenheit versicherte; „ sehet mich als einen
„ Mann an, der viele Ursache und Bewegungsgrün=
„ de hat, die Wunder Gottes zu verkündigen, der
„ nicht aus Ruhmredigkeit, sondern aus Demuth
„ und herzlicher Dankbarkeit gegen Gott, hier bei
„ der besondern Gelegenheit das anführen muß, was
„ der Herr auch an ihm gethan hat. „ Was für ein
herrliches Geständniß legt er von seiner ersten Ju=
gend ab, indem er seine junge Zuhörer zum Fleiß
„ und zur guten Aufführung ermahnt: „ Auch ich war
„ einst in euren Jahren und in euren Umständen:
„ aber wie betrübte Erinn.rungen würde mir diese
„ ganze Gegend, bei ihrem neuen Anblick entgegen=
„ rufen? Was für bittere Vorwürfe, wenn ich hier
„ die ersten Unterweisungen zur Glückseeligkeit, mit
„ Unfleis und Undank, mit Verachtung und Wider=
„ spenstigkeit gegen meine Lehrer belohnt hätte!
„ Nein, von dieser Seite durchschwärzt mir nichts
„ mein geliebtes Gladenbach. Ausser den gewöhnli=
„ chen Fehlern des kindischen Leichtsinns, weiß ich
„ mich von jenen Jahren her nichts zu erinnern, daß
„ ich eine so schwere Schuld auf mein Gewissen ge=
„ laden hätte. Und könnte mich auch wohl Gott so
„ glücklich gemacht haben, als ich durch seine Gna=
„ de bin, wenn ich den ersten Grund dazu verschmä=
„ het hätte? Seid also verständig, und laßt euch
„ gerne lehren; damit ihr weise und glücklich werden
„ möget. „*) Ein anderer Zug stellt uns sein dank=
bares Herz gegen die Vorsehung und gegen die Men=
schen, die ihm Gutes erwiesen, vor Augen: „ Von
„ was für augenscheinlichen Todesgefahren hat mich
Gott

*) Aus der schon angeführten Predigt.

„ Gott schon in meiner Kindheit und hier an diesem
„ Orte errettet. Erlaubet mir nur eine anzuführen,
„ die vielleicht noch verschiedenen meiner Zeitgenossen
„ im Andenken schwebt. Als ich halb todt aus je-
„ nem Wasser gezogen wurde, darein ich aus Un-
„ achtsamkeit in der strengsten Jahreszeit gefallen war,
„ und wo nur Gottes Hand, (denn alle hatten mich
„ untersinken gesehen und flohen,) wo nur Gottes
„ Hand mir zween Schutzengel zuführte, die mich
„ mit ihrer eignen Lebensgefahr wieder herauszogen.
„ Ach es waren zween meiner geliebten Freunde, denen
„ ich hier, wie gern ich wollte, jetzt nicht mehr da-
„ für danken kann, und welche Gott schon vorlängst
„ in einer bessern Welt glücklich gemacht hat. Aber
„ sterben soll das erkenntliche Andenken gegen euch, ihr
„ guten Vollendeten, in meinem Herzen nie, und
„ ich werde es euch dann noch bezeugen, wenn uns
„ einst unser allgemeiner grosser Vater wieder zusam-
„ men bringen wird. — *)

Alles das sind zugleich Beweise, daß bei den
Bemühungen, die sein Vater und seine Lehrer zur
Aufklärung seines Verstandes anwandten, auch die
noch wichtigere Bildung des Herzens nicht bei Seite gesetzt wurde. Ich will hiervon noch einen Beweis geben. Zwar kommt die löbliche und nützliche Gewohnheit (mit Recht nenne ich sie löblich
und nützlich; auch ich kann dieß aus eigener Erfahrung bezeugen; mag doch immer hier mancher
mit einer misbilligenden Miene, um es gelinde zu
nennen, den Kopf schütteln) zu der auch Stockhausen in seiner Jugend angehalten wurde, und
deren er sich noch viele Jahre nachher, mit Wärme erinnerte, immer mehr aus der Mode. Aber
A 5 sind

---

*) s. s. O.

sind nicht auch, und das wohl mit Recht, die Kla=
gen über die Vernachläßigung des öffentlichen Got=
tesdienstes, über die Unaufmerksamkeit auf die Pre=
digt des göttlichen Worts, besonders bei der Ju=
gend allgemein? Und was ist die Folge davon für
junge Leute schon in ihrer Jugend, und dann auch
nachher, wenn sie erwachsen sind? Diese Fol=
gen brauche ich wohl hier nicht zu entwickeln. Man
halte mir diese Ausschweifung zu gut. Ich bin zu
sehr von dem grossen Nutzen dieser jetzt fast allgemein
vernachläßigten Gewohnheit überzeugt, als daß ich
diese Gelegenheit ungenutzt hätte vorbeigehen können.

Ich lasse nun unsern Seeligen selbst wieder
reden: *) „ O mit welcher Wonne erinnere
„ ich mich an jene Zeiten, da ich aus den ange=
„ hörten Predigten den Hauptinhalt zu Haus
„ wiederholen, eine Lehre, einen guten Spruch her=
„ sagen mußte, und dann, wann ich's traf, mit
„ väterlichem Beifall belohnet wurde! Wie ange=
„ nehm die Erinnerung von jenen Katechismuslehren,
„ welchen ich mit der Jugend des Orts hier bei=
„ wohnen muste, und da die vernünftige lautere
„ Milch des göttlichen Worts mit ihnen genoß. „
Weit entfernt, daß eine dergleichen Erziehung, daß
solche gute Gewohnheiten zur Ausbildung des ver=
nünftigen und für mehr als eine Welt geschaffenen
Menschen, die Munterkeit seines Geistes verscheucht
und der sorglosen Freude und Neigung zum Vergnü=
gen, welche das glückliche Antheil des Kindes und
der Jugend sind, und dadurch diesem Alter so viele
Vorzüge vor dem andern geben, einen Eintrag ge=
than hätte, wie so manche gerne einer solchen Erzie=
hung vorwerfen mögen, so erinnerte sich vielmehr
Stock=

*) a. a. O.

Stockhausen noch in seinen spätern Jahren mit Freude an die Spiele seiner Jugend; aber gewiß würde er sich ihrer nicht mit Freude haben erinnern können, wenn es manche der Jugend so höchst nachtheilige Spiele, wenn sie nicht vielmehr unschuldig gewesen wären. Auch das zeugt hiervon, daß er, nach seinem eignen Geständnis, sich die Flüchtigkeit der Jahre tief einprägte, wenn er wider die Gewohnheit des Kindesalters oft nachdenkend unter den Grabmälern seines Geburtsorts umhergieng. Gewiß konnte er daher mit Aufrichtigkeit und aus innerer Ueberzeugung sprechen, was er zu mir sagte, als ich etwa zehen Tage vor seinem Tode allein bei ihm war, und er mir auf den Fall seines Todes, den er schon damals, nach seinem Geständnis, näher fühlte, verschiedene Aufträge that. „Ach, sagte er, der Ge„danke an den Tod ist mir nicht mehr neu, ich ha„be mich schon lange mit ihm bekannt gemacht!—''

Der Jüngling knüpft mehrentheils Freundschaften, die nicht nur einen Beweis von seiner eigenen Denkungsart geben, sondern die auch oft, nach der Verschiedenheit seines Temperaments, mehr oder weniger Einfluß auf seine Sitten und auf die ganze Bildung seines Karakters und Herzens haben. Wohl ihm dann, wenn er in gute Hände fällt, die dem noch wie Wachs weichen Herzen keine schlimme Form, keine in der Folge nicht wieder auszuglättende üble Falten geben. Aus Mangel an Nachrichten kann ich nur von einer einzigen vertrauten Freundschaft erzählen, die Stockhausen in seiner frühen Jugend eingieng, die aber doch neues Licht auf seine damaligen Gesinnungen wirft. Er hatte einen sehr freundschaftlichen Umgang mit einem Vetter, Namens Blum, der damals ohnweit Alsfeld in der Nähe bei Kirtorf schon Informator in einem adlichen Hau-

Hauſe war, und bald darauf Prediger zu Selters in unſerer Grafſchaft wurde. Dieſer Mann hat ſich zwar keinen gelehrten Namen in der Welt gemacht; vielleicht würde es aber geſchehen ſein, wenn er länger gelebt hätte; denn er ſtarb ſchon in ſeinem 2?ten Jahre, und ich habe ſtarke Hefte voll Gedichte in der Handſchrift, die ſein einziger Sohn (meine Mitbürger kennen dieſen braven thätigen Mann) noch beſitzt, von ihm geſehen, die ſein poetiſches Talent, ſeinen muntern Kopf, ſeine Kenntniſſe, aber auch ſeine gute Denkungsart verrathen. Zwar verband ihn ſchon ſehr nahe Blutsfreundſchaft mit unſerm Stockhauſen, aber hat denn dieſe allemal Freundſchaft des Herzens zur Folge, und darf man nur vertraute Buſenfreunde unter Blutsfreunden ſuchen? Oder lehrt nicht vielmehr die Erfahrung, daß ſehr oft die engſten Freundſchaften zwiſchen ſolchen geſchloſſen werden, die gar keine Bande der Verwandtſchaft an einander knüpfen? — Für Stockhauſen mußte die Freundſchaft eines ſolchen Mannes, wie Blum war, nützlich ſein; ſie läßt ſchon auf ſeine damalige gründliche Denkungsart einen Schluß machen; er war noch nicht 15 Jahre alt, und doch fand er ein Vergnügen, aber gewiß auch Nutzen in dem öftern vertrauten Umgange mit einem Manne, der beinahe noch einmal ſo alt war, wie er, der ſchon ſeine Studien auf Akademien vollendet hatte, und ſich jetzt mit der Erziehung und dem Unterrichte andrer beſchäftigte.

Da ich nicht weiß, in welche Zeit eigentlich eine andere Freundſchaft, deren der Seelige ſelbſt gedenket, fällt, ſo will ich ſie hier noch anführen. Dieſer Freund war der ehemalige Pfarrer zu Gladenbach, Weisgerber der jüngere. Ich laſſe wieder
Stock=

Stockhausen selbst reden: *) „ Gott hat es dieser Ge‑
„ meinde (zu Gladenbach) an treuen Knechten auch
„ nachher nicht fehlen laſſen. Zwar hat ſie in dem kur‑
„ zen Zeitraum von 37 Jahren, viele Abwechslungen
„ erfahren. Gott nahm ihr einen Hirten nach dem
„ andern weg. Ach, ſie waren alle meine Freunde,
„ und beſonders erlaube ich mir den ſo zu nennen, der
„ es durch Gleichheit des Alters, durch Umgang und
„ Gemeinſchaft in den Studien ſo ſehr war, und
„ dort ſchon ſo früh das Ziel ſeiner Laufbahn ge‑
„ funden hat. Ruhet ſanft, ihr Entſchlafenen!
„ und du, mein geliebter Freund, deſſen Grab ich
„ jetzt zum erſtenmal ſehen muß, da ich das letzte‑
„ mal noch dich in blühender Geſundheit ſah.‟

So wenig vortheilhaft für die Erziehung und
den Unterricht die allzuofte Abwechslung mit den
Lehrern iſt, ſo hat es doch gewiß wieder auf der an‑
dern Seite ſeine Vortheile, wenn der Jüngling, der
ſich dem Studiren widmet, nicht die ganze Zeit ſei‑
nes vorakademiſchen Lebens, wenn ich es ſo nennen
darf, unter der Aufſicht und Leitung eben derſelben
Lehrer bleibt. Auch dieſen Vortheil genoß Stock‑
hauſen.

Nicht lange blieb er in Kirtorf. Schon im Jahr
1740 ſchickte ihn ſein Vater nach Jdſtein, wo er auf
dem damals blühenden Gymnaſium unter Anleitung
des General‑Superintendenten und Scholarchen
Lang, der ſchon ein Lehrer ſeines Vaters in Gieſen
war, des Direktor Stritters, Prorektor Wenks,
zu dem er in das Haus und an den Tiſch kam, Pre‑
diger und Colloborator Kochs, ſein Studieren fort‑
ſetzte und ſich hauptſächlich auf Sprachen legte;
denn er hatte ſchon frühzeitig nicht nur Luſt
und

*) a. a. O.

und Geschmack am Studieren gewonnen, sondern es
wurde auch insbesondere eine Neigung zum Predi=
gerstande, durch das Beispiel seines Vaters, wie er
das selbst, an dem schon oft angeführten Ort bekann=
te, erweckt, ob er gleich in der Folge der Zeit, da
ihn das Schicksal eine Zeitlang an Universitäten und
Schulen band, mehr Neigung zum akademischen Le=
ben dusserte. Durch ihn (seinen Vater) sagt er da=
selbst, „ bekam ich frühzeitig Neigung zu dem Stan=
„ de, worein mich der Herr nach einem langen Zwi=
„ schenraum endlich geführet hat. Ihr wißt es, ihr
„ Gespielen meiner Jugend, wie gern ich schon von
„ dem Namen des Herrn in nachgeahmten kleinen
„ Zusammenkünften predigte, oder vielmehr lallte.
„ Gott wollte mir ohne Zweifel in diesem Vorspiel,
„ durch die erste Erweckung meiner Triebe zeigen, wo=
„ zu er mich berufen würde, wenn seine Stunde
„ gekommen wäre. Und, mein Herr und mein Gott,
„ du hast mich in eine grosse Ernde gesandt, da ichs
„ am wenigsten dachte, wozu meine Kräfte zu
„ schwach wären, wenn du mich nicht stärktest, und
„ mit mir arbeitetest. „ So weiß die Vorsehung un=
sere Schicksale weislich, und zu unserm Besten zu
lenken. Glücklich ist der, der ihre Winke erkennt,
ihnen folgt, sich, ohne in seiner Thätigkeit nachzu=
lassen, dabei beruhiget, und wie Gesner sagt, wil=
lig die Stelle ausfüllt, die der Baumeister, der den
den Plan des Ganzen denkt, ihm bestimmt hat. —

Ehe ich weiter erzähle, kann ich nicht umhin noch
eine sehr merkwürdige Stelle, als einen Beweis, mit
was für einem dankvollen Herzen er den wichtigen
Dienst treuer Lehrer erkannte, aus seinem eignen
Mund anzuführen: „ Nächst den Aeltern haben wir
„ sie (die Lehrer) als unsre ersten Freunde und Füh=
„ rer unsers Lebens zu betrachten, die viel Mühe mit
„ uns

„ uns haben, uns zu vernünftigen Menschen, und
„ noch mehr, uns zu Christen zu bilden, uns aus
„ unwissenden ungesitteten Kindern, zu gutartigen
„ verständigen Kindern zu machen, die einst zur Be=
„ förderung der Ehre Gottes und zum Nutzen ihres
„ Nächsten auf der Welt leben können. Diese Mü=
„ he wird insgemein nicht genug erkannt, und noch
„ weniger vergolten? Gewissermaffen kann sie nie
„ vergolten werden, zumal, wenn man gute, ver=
„ nünftige und christliche Lehrer gehabt hat, die uns
„ als Menschenfreunde erziehen. Aber wenn man es
„ auch könnte, so ist die Gelegenheit insgemein da=
„ hin, sobald man erst anfängt, die Wichtigkeit die=
„ fer Wohlthat zu erkennen, und einzusehen. Es
„ bleibt dann nur ein Mittel übrig, eine erkenntliche
„ Seele zu beweisen, nemlich, dann noch den Nach=
„ kommen solcher mit Recht geschätzten Lehrer, Freund=
„ schaft und Güte soviel man kann, zu erzeigen.
„ Denn die Wohlthat, die wir erhielten, war un=
„ sterblich. Die Erkenntlichkeit, die wir dafür
„ schuldig sind, muß es auch sein. „ Ich überlasse
die Anwendung dieser Stelle, auf das Schicksal so
mancher Lehrer in unsern Zeiten, dem fühlenden Le=
ser. —

In Idstein blieb Stockhausen nur ein Jahr, indem
er nun zur Fortsetzung seines Studierens auf höhern
Schulen hinlänglich vorbereitet war. Er gieng daher
1741. im Herbst in seinem sechszehnden Jahr auf die
Universität nach Girsen. Hier nennt er lauter be=
rühmte Männer, die er zu Lehrern zu haben, das Glück
hatte, einen Wolf, Nebel, Müller, Höpfner
und Ablefeld in der Philosophie, und einen Roll
und Benner in der Theologie. Da er bei Roll im
Haus und am Tische war, so wird er gewiß die
Freundschaft und die Leitung dieses berühmten Man=
nes

nes genoffen haben.; allemal ein fehr groffes Glück für
Jünglinge, an fo gefährlichen, und der Verführung
auch des beften Gemüths fo fehr ausgefetzten Oertern,
als die Univerfitäten find, der fichern Leitung eines
rechtfchaffenen Mannes fich anvertrauen zu können.

Es ift gewiß immer vortheilhaft für den jungen
Studirenden, wenn es ihm feine Lage, und feine
Umftände erlauben, mehrere Univerfitäten zu befu=
chen. Zum wenigften erhält er dann nicht fo leicht
eine gewiffe einfeitige Richtung, die von der Den=
kungsart und den Meinungen feiner Lehrer herrührt,
und die in der Folge feinem Studieren manche nach=
theilige Hinderniffe in den Weg legen kann. Doch
ift es gewiß auch nicht rathfam von einer Akademie
auf die andere zu eilen. Nach einem kurzen Auf=
enthalt zu Haufe, während dem er fich bisweilen
im Predigen übte, und fich bei feinem Vater das
Hebräifche noch befonders mehr bekannt machte,
gieng Stockhaufen im Herbfte 1744 nach Jena;
und hörte dort die berühmten Männer Walch,
Reufch und Müller, in der Theologie und in der
Philofophie.

Er wurde fchon im Frühling 1745 durch die
Krankheit feines Vaters abgerufen, und kehrte alfo
mit Kenntniffen bereichert in fein Vaterland zurück,
um jetzt andere an dem Theil nehmen zu laffen, was
er eingefammlet hatte. Da er noch nicht Luft hatte,
wie er felbft in einem fchriftlichen Auffatze fagt, fich
feinem Vater adjungiren zu laffen, fondern vielmehr
für feinen ältern Bruder *) ihn felbft darum bat,
doch auch nicht ihm zu Haufe zur Befchwerde liegen
mochte, fo fuchte er anderwärts nützlich zu werden.

Er

---

*) M. Johann Friederich Stockhaufen, der auch nach
dem Tode feines Vaters 1746 ihm im Amte folgte,
und

Er gieng nach einem kurzen Aufenthalt zu Hau=
se nach Marburg, nahm daselbst eine Hausinfor=
mation an, (einer dieser seiner Zöglinge ist unser Hr.
Hofgerichtssekretär Wachs) unterrichtete in den Ne=
benstunden einige junge Studenten, und wurde da=
durch veranlaßt, daß er sich dem akademischen Leben
gänzlich zu widmen gedachte,

Er nahm also 1746 zu Wittenberg den Grad eines
Doktors der Philosophie an, und nachdem er
   De sapiente obligatione divina per fata,
       Marb. 1746.
disputirt hatte, so fieng er an, philosophische Vorle=
sungen zu halten. Er ließ zu dem Ende eine Einla=
dungsschrift drucken, in der er seine künftige Vorle=
sungen, nebst der Lehrart, deren er sich dabei bedie=
nen wolle, bekannt machte. Nach derselben las er
über Natur=und Völkerrecht, Sittenlehre, Natur=
lehre, natürliche Gottesgelahrtheit, deutsche Bered=
samkeit, Vernunftlehre, und über die ersten Gründe
der gesamten Weltweisheit, — und das alles in dem
einzigen halben Jahr vom Herbst 1746 bis Ostern
1747. Dabei ließ er fleißig über philosophische Säße
unter sich disputiren, und die Säße allemal einzeln,
auf einem Quartblatte drucken, wovon ich zehen in
einem besondern Bändchen vorgefunden-habe. Von
seinen Respondenten will ich hier nur folgende nen=
nen, den Herrn Doktor und Professor Conradi zu
     B   Mar=

---

und 1752 in Berlin bei Spener herausgab: Histori=
sche Anfangsgründe der Mathematik, worinnen der Ur=
sprung. Wachsthum ꝛc derselben gezeigt wird. Er starb
1776. Ein noch lebender Sohn desselben, Herr Georg Kon=
rad Stockhausen, Doktor der Rechte und Regierungs=
rath in Darmstadt hat unter andern herausgegeben:
Beiträge zur Rechtsgelahrheit, Oekonomie, Polizei=
und Kameralwissenschaft, wie auch zur Naturge=
schichte von Hessen. 4 Stücke. Frankfurt. 1769—1771.

Marburg, den Herrn Doktor und Consistorialrath Endemann daselbst, und den verstorbenen hiesigen Herrn Regierungsrath Ledderhose. Im Jahr 1747 gab er zu Marburg heraus:

Theologiae naturalis inter gentes sanae rationis principiis applicatae specimen.

wozu er durch Bilfingers Disputation: De cultu Dei rationali veranlaßt wurde. Alles dieß beweiset mit wie vielem Fleiß, und redlichem Eifer er seine akademische Laufbahn anfieng.

Doch blieb er nicht lange in Marburg, sondern gieng auf Anrathen seiner Freunde im Jahr 1747 nach Helmstädt. Hier fieng er bald an, durch mündlichen Unterricht nicht nur, sondern auch durch öffentliche Schriften, und auf andere Weise thätig, und der Welt nützlich zu werden, und sich den Weg zu seiner weitern Beförderung zu bahnen. Doch ehe ich weiter erzähle, will ich ihn hier über diesen Abschnitt seines Lebens wieder selbst reden lassen. *)

„ Früh meiner Aeltern beraubt, und insonderheit
„ meines Vaters, den ich zu dem angefangenen Plan
„ meiner erwählten Lebensart, und meiner Wohl-
„ fahrt, noch sehr nöthig zu haben schien, muste
„ ich mich aus Mangel aller Unterstützung in ein fer-
„ nes Land begeben, wohin mir, aus einer dunkeln
„ Ahndung, eine bessere Hofnung meines Glücks
„ winkte. Gott sprach auch gewissermassen zu mir:
„ Sei ein Fremdling in diesem Lande, und ich
„ will mit dir sein, und dich seegnen. Ohne
„ Unterstützung, ohne Freunde, ohne Gönner und
„ Bekannte, betrat ich dieses Land, und Gott gab
„ mir nach manchen Prüfungen meines Vertrauens
„ darinn Unterhalt, Freunde, Gönner und Bekann-
„ te,

---

*) a. a. O.

„ te, ja er führte mir eine fromme Gefährtinn des
„ Lebens zu, welche ihm auch heute in diesem Hause
„ mit mir für alles Gute danket, das er uns bei-
„ den erwiesen. „

In Helmstädt beschäftigte er sich mit philoso-
phischen und philologischen Vorlesungen, unter andern über die praktische Philosophie, Rhetorik und
Physik, und hielt auch ein Disputatorium. Dadurch entstunden verschiedene Disputationen, Pro-
grammen, und andere kleine Schriften, die ich hier
anführen will.

Disp. *de officiis circa creaturas inferiores*
1748.

Disp. *de Idea oratoris* 1748.

Progr. *de utilitate phyfices insigni, eamque
tradendi optima methodo* 1748.

Gedanken über die Weltweisheit 1748.

Comment. *de jure & cura Principis circa
academias* 1749.

Von den Verdiensten der Grossen um
die Aufnahme der schönen Wissenschaften, eine Einladungsschrift
1750.

Epikur ein Kenner und Freund der schönen Wissenschaften, gegen die
Vorwürfe seiner Ankläger ver-
theidigt. Einladungsschrift 1750.

Disp. *de propagata Philosophia morali per
carmina atque poëmata* 1752.

Schon in seiner ersten Jugend zeigte er eine Neigung zur Dichtkunst, und in der Folge ließ sich sein
poetisches Talent nicht verkennen. „ Ich spürte,
„ sagt er in einem kurzen schriftlichen Aufsatz, schon
„ in meiner Kindheit einen ungemeinen Trieb andere
„ Kinder zu lehren, und Predigten unter ihnen zu

„ hal-

„ halten, davon ich viele aufgeschrieben hatte, die
„ das Alter ihres Verfassers verriethen. Auch ge-
„ wann ich frühzeitig die Dichtkunst lieb, und mach-
„ te Verse, die nicht besser waren als die Predigten.
„ Schade, daß man damals noch wenig, oder gar
„ keine gute Dichter kannte, die man auch Kindern
„ zur frühen und sichern Bildung des Geschmacks
„ hätte geben können. „ Vermuthlich veranlaßte
ihn diese Neigung, daß er das meiste zur Entstehung
der deutschen Gesellschaft in Helmstädt beitrug; er
wurde daher auch 1749 erster Aufseher derselben; er
erklärt sich in der vorhin genannten Einladungsschrift:
von den Verdiensten der Grossen ꝛc. über den ei-
gentlichen Endzweck dieser Gesellschaft, daß er nicht
blos die Untersuchung der deutschen Sprache und
Rechtschreibung sei, sondern daß sie die historischen
Wissenschaften, die Beredsamkeit und Dichtkunst
nicht von ihren Bemühungen ausschliesse. Dieser
Gelegenheit haben wir einige Proben zu danken, die
von seiner Beredsamkeit zeugen. Denn er ließ bei
verschiedenen Veranlassungen nachfolgendes drucken:

Die wahre Grösse eines Fürsten, eine
Rede auf den Geburtstag des
Durchlauchtigsten Herzogs Carl
zu Braunschweig, Wolfenbüttel
1749.
Der Tod, als die wahre Geburt der
Menschen ein Trostschreiben, Helmstädt 1749.
Daß die Beredsamkeit eine Hauptwissen-
schaft sei, eine Rede. Wolfenbüttel 1749.

Auch gab er, so wie schon vorher zu Marburg, einige Proben von seinem poetischen Talent, die in der
Folge noch gewiß reichere Früchte hoffen liessen. Daß
er sich nicht nur mit den todten Sprachen, sondern
auch

auch mit lebendigen bekannt gemacht hatte, davon
geben verschiedene Uebersetzungen aus dem Französi=
schen, die damals erschienen, einen Beweis, nemlich
    Lehre der angenehmen Empfindungen
        mit Anmerkungen, aus dem Franz.
        Berlin 1749.
    Abhandlung über die Ursachen, Gesetze
        einzuführen und abzuschaffen,
        aus dem Franz. Frankf. und Leipzig
        1750.
Doch erstreckte sich seine Kenntniß lebender Sprachen
nicht allein auf die Französische; er hatte sich auch
mit der Italienischen und Englischen bekannt gemacht,
und in der letztern suchte er sich noch in den letzten
Jahren seines Lebens, mit Beihülfe unsers Herrn
Prorektor Reisers, vollkommner zu machen.

Es ist gar nicht zu zweiflen, daß er auf diese
Art, an der Bildung nicht nur manches, in der
gelehrten Welt nachher bekannt gewordenen Mannes,
sondern auch manches andern, der ihm in der Folge
sein Glück gedankt hat, Antheil gehabt haben wird.
Aus Mangel an Nachrichten kann ich nur den einzi=
gen lebenden Herr Lehnsfiskal Dedekind zu Braun=
schweig nennen, der sich der Welt durch Schriften
bekannt gemacht hat.

Bei dieser grossen Thätigkeit und Neigung, der
Welt auf mancherlei Art, nach seiner Lage, nützlich
zu werden, konnte es nicht fehlen, daß er sich nicht
die berühmtesten damaligen Lehrer der Akademie zu
Freunden erworben haben sollte. Ich nenne nur von
denselben den Abt Mosheim und den Abt Seidel,
die beide seine grossen Gönner waren, und der letzte=
re besonders erleichterte ihm seinen Aufenthalt in
Helmstädt, und räumte ihm auch sein Auditorium
zu seinen Vorlesungen ein. Durch den Umgang mit

die=

diesen grossen Männern, durch Fleiß in der Fortsetzung seines Studierens, muste sich nothwendig sein Geist immer mehr ausbilden, und mit den brauchbarsten Kenntnissen bereichern. Was ließ sich daher von einem so jungen thätigen Mann, der kaum erst 22 Jahre alt war, als er nach Helmstädt kam, noch erwarten?

Er erwarb sich auch durch sein freundschaftliches Betragen, die Achtung und Zuneigung mehrerer seiner akademischen Zeitgenossen, die damals in diesem Musensitze einsammleten, um dereinst wieder ausstreuen zu können. Da ich in der Folge von seiner nähern Bekanntschaft mit vielen noch jetzt lebenden berühmten Gelehrten, wovon er wohl manche schon hier hat kennen lernen, reden werde, so will ich jetzt nur ausser dem vertraulichen Umgang mit seinem hiesigen Vorgänger Walther, der damals zu gleicher Zeit Vorlesungen in Helmstädt hielt, einer einzigen vertrauten Freundschaft, von der ich gewiß weiß, daß sie hier geknüpft worden ist, und die ihm während seinem Aufenthalt in Hanau durch den angenehmen und freundschaftlichen Umgang mit diesem verdienstvollen Mann, manchen angenehmen Tag, manche frohe Stunde bis an das Ende seines Lebens gemacht hat, gedenken; und dieser Mann ist unser Herr Regierungsrath Wegener der jüngere, den die gelehrte Welt aus einigen wohlaufgenommenen Schriften kennt, und dessen patriotische Thätigkeit und rechtschaffne freundschaftliche Denkungsart alle seine Freunde und Bekannte schätzen. Wie tief auch er den Verlust seines besten und ältesten Freundes empfindet, davon bin ich Zeuge. Rührend ist ihm auch noch das Andenken an die Veranlassung, wie Stockhausen nach Hanau kam, wobei sich ganz sichtbar die Lenkung der Vorsehung zeigte. Diese deutlichen Spuren der Vorsehung in seinem Beruf nach Hanau erkannte

fannte und bezeugte der Seelige selbst. Er sagt in
der Einladung zur Anhörung seiner Abschiedsrede in
Darmstadt: „ Als mich die Vorsehung des Höch=
„ sten, welche alle unsere Schicksale mit Weisheit
„ und Güte lenkt, vor einigen Jahren durch einen
„ rühmlichen Beruf hieher führte, glaubte ich frei=
„ lich nicht, daß es ihm gefallen würde mich sobald
„ wieder von diesem Posten abzurufen, und mir ein
„ neues Feld anzuweisen, wo ich in einem nähern
„ und ausgebreitetern Verhältniß zur Ehre des gött=
„ lichen Namens und zum Heil vieler Seelen arbei=
„ ten sollte. Es ist aber dennoch unvermuthet ge=
„ schehen, und zwar mit solchen überzeugenden Merk=
„ maalen einer höhern Leitung des Himmels, daß mir
„ nichts weiter übrig bleibt, als zu gehorchen. „

Kurz vor seinem Abzug aus Helmstädt erschien
noch:

Kritischer Entwurf einer auserlesenen Bibliothek für die Liebhaber der Philosophie und schönen Wissen= schaften zum Gebrauch akademi= scher Vorlesungen. 1751.

Obgleich manches öffentliche Urtheil über diesen Ent=
wurf nicht ganz vortheilhaft ausgefallen ist, so zeu=
gen doch nicht nur die öftern Auflagen dieses Buchs,
sondern auch die Vorlesungen, die Gellert darüber
hielt, von der Brauchbarkeit desselben: und man
weiß ja ohnehin, von was für einem Werthe grossen
Theils dergleichen öffentliche Urtheile sind. Auch die
Herren Prof. Henke und Wiedeburg in Helmstädt
lesen darüber. Es kam davon 1771 eine vierte ver=
besserte, und viel vermehrte Auflage heraus und einer
unserer vorzüglich berühmten Gelehrten in Berlin
schrieb dem Seeligen wenige Jahre nachher, daß die
Verlagshandlung einen starken Absatz damit gehabt ha=
be. Auch ist sie von Herrn Professor Meikter ins
Schwedische übersetzt worden.   Um

Um eben diese Zeit ließ **Stockhausen** drucken:
Grundsätze wohleingerichteter Briefe 8.
Helmstädt 1751.

Es ist hinlänglich bekannt, mit was für einem
Beifall diese Grundsätze aufgenommen worden sind,
so, daß schon im Jahr 1752 eine neue sehr verbes=
serte Auflage, und 1778 die sechste Ausgabe davon
herausgekommen ist. Selbst ein Gellert — und wer
ist in dieser Sache wohl ein gültigerer Richter als
er? — empfohl diese Grundsätze und seine nachheri=
gen Briefe sehr oft. Bald darauf erschien die in der
Vorrede zu diesen Grundsätzen angekündigte Brief=
samlung unter dem Titel:

Sammlung vermischter Briefe 8. Helm=
städt 1752.

Sie enthält unter den deutschen Originalen auch
eigne Briefe von ihm selbst, zu deren Einrückung er
sich von einem Freund bereden ließ. Sie sind, bis
auf wenige ausgenommen, an wirkliche Personen ge=
schrieben. Allein, da er nicht nur die Namen dieser
Personen weggelassen, und die Titulatur darinn bei
Seite gesetzt, sondern sie auch sonst nicht kenntlich
bezeichnet hat, so enthalte ich mich davon zu reden.
Es erfolgte 1768 die dritte Auflage in drei Bänden,
und bei Trattnern in Wien kam auch 1767 ein
Nachdruck sowohl von dieser Sammlung, als von
den Grundsätzen heraus.

Vier Jahre hatte er in unermüdeter Beschäfti=
gung, welche ein Hauptzug seines Karakters sein
ganzes Leben hindurch war, in Helmstädt zugebracht,
als er im Jahr 1752 von dem Magistrat zu Lüne=
burg zu der zweiten Lehrstelle an dem Johan=
neum daselbst als Conrektor berufen wurde.

Schon

Schon am 24. April dieses Jahrs trat er das Amt an, wozu ihn einige Tage vorher, der jetzige Herr Kanonikus und Prof. Schmid in Braunschweig, der damals Rektor an dem Johanneum war, und mit dem er bis an das Ende seines Lebens einen freundschaftlichen Briefwechsel unterhielt, feierlich einführte. Diese Stelle begleitete er beinahe zehen Jahre lang, bis Herr Schmid nach Braunschweig berufen wurde, und genoß also dort der beständigen Gesellschaft dieses seines Freundes. Wie er dieses sein Amt verwaltet habe, davon habe ich keine Nachricht, aber gewiß so, wie es sich von einem Manne von seinem Karakter erwarten läßt; daher kam es auch), daß er von denjenigen, die ihm ihre Kinder anvertrauten, die ganze Zeit seines dortigen Aufenthalts allgemein geliebt und geschätzt wurde.

Als Schriftsteller blieb er während der Zeit nicht unthätig. Es erschien zuerst
  Betrachtungen über die verschiedenen Karaktere der Menschen. 8. Helmstädt 1754.
Diese Betrachtungen gehören eigentlich dem berühmten Fleschier zu. Allein der Uebersetzer ist damit, wie mit seinem halben Eigenthum umgegangen, hat hie und da verändert, hinzugesetzt, weggelassen, und nur an vielen Stellen die Grundzüge ausgezeichnet, die Fleschier angegeben hatte. Hierauf folgten
  Briefe über verschiedene Gelegenheiten und Vorfälle. 8. Helmstädt 1755.
wovon zu Riga eine zweite Auflage erschien.
  Des Herrn le Moine d'Orgival Gedanken von dem Ursprung und Wachsthum der schönen Wissenschaften bei den Römern und die Ursachen ihres

C   Ver-

Verfalls. Aus dem Franz. mit Anmerkungen und einer Abhandlung von den Bi-
bliotheken der Römer. Hannover 1755. 8.
Neue Sammlung von Staatsbriefen
und Reden, nebst einer vorgesetzten
Abhandlung von der politischen
Schreibart. 8. Helmstädt 1756.
Er hatte auch schon Antheil an verschiedenen periodi-
schen Schriften, zu denen er Abhandlungen lieferte.
Ich will davon nur einige nennen. In den Hannoverischen Beiträgen zum Nutzen und Vergnügen von 1760 findet sich unter andern eine Abhandlung von den Schriftstellern über die Zufriedenheit der Seele, die er in seinem Exemplar mit hand-
schriftlichen Zusätzen vermehrt hat; in Rathlefs
Wochenblatt, der Theologe, stehet ein Aufsatz von
dem Einfluß der christlichen Religion in die neue-
re Weltweisheit; auch finden sich noch verschiedene kleine Aufsätze von ihm, im Hannoverischen
Magazin, im neuen Hamburgischen Magazin
u. a. m.

Ich habe schon bei einer andern Gelegenheit angeführt, daß der Verewigte rühmte: Gott habe ihm
in einem fremden Lande eine fromme Gefährtin des lebens zugeführt. Dieß geschah hier in Lüneburg,
wo er sich im Jahr 1753 mit der jüngsten Tochter des
Predigers zu Raven bei Lüneburg, Metzendorf,
verheirathete. Mit Recht konnte er sie eine fromme
Gefährtin nennen. Wir wissen alle, wie sehr sie sich
unsere Hochachtung und Liebe durch ihre Rechtschaffen-
heit und ihr leutseeliges, freundschaftliches Betragen
zu erwerben gewußt hat. Ich sage nicht mehr, um
ihrer Bescheidenheit zu schonen. Eine Vaters Schwe-
ster von ihr heirathete den Superintendent Overbeck
zu Pattensen, und so kam unser Stockhausen in
die Verwandschaft mit Männern, deren Namen auch
noch

noch jetzt in der gelehrten Welt rühmlich bekannt
sind.

Aus dieser glücklichen Ehe entsproß nur eine ein=
zige Tochter Dorothee Luise, die aber nur kurze
Zeit die Hofnung und Freude der Aeltern war; sie
starb schon 1762 in dem Schoose ihrer Mutter. Ich
fürchte nicht, daß mich jemand darüber tadeln wird,
wenn ich mich bei einem Kind noch etwas länger ver=
weile, da sein Andenken, wie ich gewiß weiß, noch
20 Jahre nach seinem Tode nicht in dem Herzen der
Aeltern erloschen, sondern immer noch ganz neu war.

Unter den Papieren des Seeligen findet sich ein
Aufsatz, der den Schmerz der Aeltern über diesen
Verlust rechtfertigt. Zwar ist es nur ein Entwurf,
vielleicht zu einem Brief an einen Freund; allein
sein Schmerz war immer zu groß, als daß er ihn
hätte ausarbeiten können. Er enthält Stellen aus
Horaz, Virgil und Plinius Briefen, die auf den
Verlust einer liebenswürdigen Tochter passen, und
dann auch eigene abgebrochene Gedanken, die hier auf=
bewahrt zu werden verdienen: „Können wir in so
„grosse Herrlichkeit ohne alles Leiden eingehen?— Sie
„hat ihres Lebens edlere Thaten gethan. — Wir haben
„alles im Kleinen an ihr gesehen, was wir in der
„Zukunft von ihr hoffen konnten. — Was für ein
„gutes Herz hatte sie! Wie viel Neigung zum Bie=
„bellesen und zu allem was Religion heißt! Sie
„konnte keinen Gedanken verschweigen, — auch den
„nicht, wenn sie glaubte einen Fehler im Denken ge=
„macht zu haben. — Ich habe hundert Beispiele
„ihrer Aufrichtigkeit — und wozu so weitläuftig? —
„Sie sehen, worauf ich am meisten bei ihr Achtung
„gegeben habe. — Ihr schönes und erbauliches Bei=
„spiel soll ein Vermächtnis für unsre Familie blei=
„ben.“ — Mit welchen Empfindungen er daher

fol=

folgendes auf der Kanzel zu Gladenbach gesprochen
habe, das läßt sich leicht denken: „zwar ich gehe
„ Kinderlos dem Grabe entgegen, Gott gab — Gott
„ nahm uns ein einziges, eine liebe Tochter, die auf
„ dieser Welt nur acht Jahre uns Freude, Hof-
„ nung und Unruhe über ihren Zustand machen sollte.
„ Die Unruhe hört nun mit ihrer Ruhe auf. Die
„ Sehnsucht, die noch bisweilen mit einer gelassenen
„ Traurigkeit um ihr fernes Grab herumschwebt,
„ ist nicht trostlose Sehnsucht — ist nicht Sehnsucht
„ ohne Hofnung, daß diese abgebrochene Freude für
„ uns auch im Himmel einmal groß werden soll, so
„ wie ihr alle euch damit tröstet, die ihr jemals auch
„ liebe Kinder verlohren habt.

Eben da dies soweit abgedruckt ist, fällt mir
noch ein Aufsatz des Seeligen über den für ihn so
rührenden Gegenstand in die Hand. Zwar leider
nur wieder ein Bruchstück, aber — daß ich auch
dieses hier aufbewahre, sollte ich dafür wohl noch
einer Entschuldigung bedürfen? Wenigstens gewiß
nicht bei seinen Freunden, und für die schreibe ich
ja eigentlich nur. „Heute ist der Todestag meiner
„ unvergeßlichen Luise zum siebentenmal für mich
„ wieder gekommen. Welch eine lange Zeit dünkt
„ mir das schon zu sein, die ich sie überlebt habe!
„ Noch habe ich immer alle Stacheln dieses Tags
„ gefühlt, die meine Seele so tief verwundeten,
„ und jetzt erst folge ich dem langen Entschluß, die
„ Empfindungen dieser verwundeten Seele nieder-
„ zuschreiben. Aber an wen? — Die Sprache der
„ Traurigen ist so wenig willkommen in der
„ Welt! Wie oft habe ich unbekannt gelitten
„ und eine äusserliche heitere Mine angenommen,
„ wenn ich Valerens und Sophroniens gesegnete
„ Reihe von Kindern sahe, indeß daß mein Herz
„ über den Verlust meines einzigen seufzte! Dies
„ hat

„ hat mich lange abgehalten davon zu schreiben.
„ Aber endlich heute erwacht dieser Trieb wieder,
„ so lebhaft, daß ich ihm nicht länger widerstehen
„ kann. Ich muß meinem Herzen Luft machen,
„ es sei durch Schreiben oder durch Thränen.
„ Sollte es auch nur für mich in der Stille sein!
„ Doch warum nicht auch für Sie? Für Sie
„ mein anderes Ich? — Oefnen Sie mir, liebster
„ O... Ihre Arme, um an Ihrer Brust zu wei-
„ nen! Ich weiß, der Schmerz Ihrer Freunde
„ ist Ihnen ehrwürdig, er darf sich mit Vertrauen
„ bei Ihnen ganz zeigen, wie er ist, durch eine
„ ausserordentliche Sympathie unserer Seelen, die
„ uns zum Altar der Freundschaft zusammen führ-
„ te. Fühlen Sie alles, was ich empfinde, und
„ das ist Trost für mich. Denn wie sehr wünscht
„ man nicht allem um sich her die Farbe seines
„ Herzens zu geben. Zwar dieses Herz soll nicht
„ wider Gott murren, es soll nicht die grossen Ge-
„ danken von Unsterblichkeit und einer glückseligern
„ Welt verläugnen. Wenn das möglich wäre,
„ Freund, wie trostlos und verlassen müßte ich in
„ meinem Kummer sein. Aber wenn Gott mich
„ geschlagen hat, so ist es auch seiner Absicht ge-
„ mäs, daß ich es fühlen soll, als ein Christ fühlen
„ darf, der, indem ihm Thränen erlaubt sind, so
„ lang er noch unter dem Loos der Menschheit
„ seufzet, nie die Aussicht vergessen muß, wo sie
„ einst aufhören und sich in Freude verklären sollen.“

Als nun der Herr Rektor Schmid im Jahr 1761
nach Braunschweig an das Karolinum als Professor berufen wurde, bestellte der Magistrat zu Lüneburg unsern Stockhausen zum Rektor des Jo-
hanneums, zu welchem Amte ihn der vor kurzem
verstorbene Superintendent und Inspektor des Jo-
hanneums, Ebeling, am 30. October feierlich ein-

wei-

weihete. Nun hatte er ein noch gröſſeres Feld vor
ſich, durch Bildung rechtſchaffener Weltbürger nützlich zu werden, und die Erfahrung hat es beſtätigt,
wie ſehr er das Zutrauen verdiente, mit dem ihn ſeine Obere auf eine höhere Stufe ſetzten. Denn wie
manchen wackern Mann, der nachher mit ſeinen Ta-
lenten zum Beſten der Welt wucherte, hat er nicht
hier gebildet? Ich nenne unter den noch lebenden
nur folgende: den Herrn Ebeling, Mitvorſteher der
Handlungsakademie zu Hamburg, den Herrn Syn-
dikus Oldekop zu Lüneburg, und den Herrn Hof-
prediger Schulz zu Braunſchweig, welcher letzte-
rer nicht nur ſeines Unterrichts, ſondern auch ſeiner
beſondern Aufſicht genoß, indem er bei ihm im Haus
wohnte. Während ſeines Rektorats bekam er oft
Gelegenheit, kleine Schriften drucken zu laſſen, wozu
er immer den Inhalt auf Zeit und Ort ſehr wohl
paſſend, zu wählen wuſte, wie man das ſchon aus
den vorhergehenden geſehen hat, und auch aus den
nachfolgenden bemerken wird. Ich will diejenigen,
die in dieſe Zeit fallen, hier nach der Reihe anführen:

Progr. *de Conrectoribus Iohannei*. 1762.

welches er bei Gelegenheit der Einführung des Con-
rektors von Marne ſchrieb, und wovon auch eine
zweite verbeſſerte Auflage erſchien.

Progr. *de curriculi Scholaſtici cum acade-*
mico nexu felici. 1762.

wozu ihm die Einladung zu einer Redefeierlichkeit,
bei welcher verſchiedene Scholaren Abſchied nahmen, um auf die Univerſität zu ziehen, Gelegenheit
gab:

Progr. auf die Friedensfeier 1763.
Rede auf die Vermählung des Durch-
    lauchtigſten Erbprinzen zu Braun-
    ſchweig 1764.
Gedanken von Schulbibliotheken und
                        Nach-

Nachricht von der beim Johanneo
in Lüneburg insonderheit 1765.
Memoria *A. W. de Marne Conr. Luneb.*
1765.
Memoria *J. F. Krukenbergii* 1766.
Progr. *de Herm. Tulichio primo Johan-*
nei. Luneb. Rectore. 1766.
bei Gelegenheit der Einführung des Konrektor Al-
bers.
Progr. *de privilegio academico civitati*
Luneb. concesso. 1766.
Weihnachtslieder auf die Geburt Jesu
Christi, lateinisch und deutsch, gr. Folio.
Sechs Stücke 1761 — 1766.
Es sind sechs einzelne Gesänge in lateinischer und deut-
scher Sprache, die zugleich in Musik gesetzt sind,
und womit das Johanneum in Lüneburg das Ge-
burtsfest Jesu feierte.

Obgleich Stockhausen immer noch den Entschluß und den Wunsch bei sich hegte, sich völlig
dem akademischen Leben widmen zu können, so ver-
nachläßigte er doch auch nicht, wie es dem vernünftigen Mann, der sich der Leitung der Vorsehung willig überläßt und doch nicht weiß, wozu
sie ihn in der Folge bestimmen wird, gebührt, sich
zum Lehrer auf der Kanzel, wenn ihn Gott dazu
berufen sollte, immer mehr vorzubereiten. Er predigte daher zuweilen, während seinem Aufenthalt
in Lüneburg, besonders auch bei seinem Vetter, dem
Pastor Overbeck zu Handorf, dem Sohne des
obenangeführten Superintendenten Overbecks zu
Patensen. Dieser sein Vetter sagte einst zu ihm,
da er von der Kanzel kam: „Sie müssen sich völ-
„lig dem Predigerstande widmen. Sie haben et-
„was ganz sonderbar Vorzügliches in ihren Pre-
„digten, das dereinst vielen Nutzen hoffen läßt."

Eine

Eine Weiſſagung, die ſich nachher in reichem Maas beſtättiget hat.

Ich habe ſchon oben erzählt, daß der Verſtor⸗ bene ſowohl in Marburg als Helmſtädt auch Vorleſungen über die Naturlehre hielt. Naturge⸗ ſchichte ſteht zwar mit der Naturlehre in genauer Verbindung; doch wurde in ihm die Neigung, ſich mit derſelben bekannt zu machen, erſt in Lüne⸗ burg ohngefehr im Jahr 1758 erweckt. Denn er geſteht ſelbſt, daß er bis dahin noch gar keine Kenntnis von derſelben gehabt und auf Univerſitä⸗ ten nichts darüber gehört hätte, weil da, wo er ſtudierte, noch keine beſondern Vorleſungen wie jetzt, darüber gehalten wurden. Er hatte auch bis dahin noch keine Kabinette oder Sammlungen ge⸗ ſehen. Eine verſteinerte Muſchel, die er einſt auf einem Spaziergang bei Lüneburg an einem Krei⸗ denbruch fand, fachte in ihm den Trieb an, ſich die mangelnde Kenntnis in der Naturgeſchichte aus Bü⸗ chern ſo gut zu verſchaffen, als möglich wäre, und mehr zu ſuchen, mehr zu ſammlen; und gewiß war auch das Leitung der Vorſehung, um ihn dadurch zu dem wichtigen Amte, wozu ſie ihn etwa zehn Jahre nachher beſtimmt hatte, immer beſſer vorzubereiten. Denn ich glaube, ein jeder Prediger ſollte nicht ganz ohne alle Kenntnis der Naturgeſchichte ſein; dieſer Mangel wird ſonſt oft in mancher Rückſicht Einfluß auf die Führung ſeines Amts haben.

Stockhauſen gieng nun immer mit einem Ham⸗ mer in der Taſche ſpazieren, womit er die Steine, die ihm etwas zu verſprechen ſchienen, aufklopfte, und er fand ſich nicht ſelten durch Entdeckung eines Adlerſteins, Ammonhorns, Knopfſteins, oder Fiſch⸗ abdrucks u. dgl. belohnt, wobei er fleißig las und an Freunde ſchrieb, um ſich zu belehren und belehren zu

laſ⸗

laſſen. So traf er den beſten Weg, Naturgeſchich=
te zu ſtudieren. Unvermerkt bekam er eine kleine
Sammlung von Verſteinerungen, Seemuſcheln, auch
etwas Mineralien, womit er von vielen Orten her
beſchenkt ward; wie dann, nach ſeinem eignen Ge=
ſtändnis, das meiſte, was er in ſeinem Kabinette
beſaß, entweder durch dieſen Weg, oder durch eig=
nes Finden, oder durch Tauſch geſammelt iſt, ohne
Geld daran zu verſchwenden. Dieß nährte ſeine
Wiß= und Sammlungsbegierde ungemein, und
nach einigen Jahren war er im Stande, ſeinen
jungen Zuhörern, etwas von der Naturgeſchichte
bekannt zu machen, und durch lehren ſelbſt zu ler=
nen. Von der Abſicht dieſer Sammlung und ſeines
Studiums ſagt er ſelbſt in unſerm Magazin: „Ich
„ habe dieſe Sachen zuſammen immer nach ihrem
„ edelſten Zweck zu betrachten und zu nußen geſucht,
„ nicht geſammelt um zu ſammeln, ſondern die ab=
„ ſichtsvolle Oekonomie der Natur in ihren Anlagen
„ Formen und Verwandlungen mehr kennen zu ler=
„ nen, und daraus die Weisheit, Macht und Gü=
„ te unſers ewig anbetungswürdigen Schöpfers mehr
„ anſchaulicher zu machen. Das iſt auch der Zweck
„ meiner lektüre in dieſem Fache ſeit der Zeit ſtets
„ geweſen. Wer ſollte einige Zeit in der Welt ge=
„ lebt haben, ohne mit dem erſten Wohnhauſe be=
„ kannt geworden zu ſein, das ihm der Schöpfer
„ bereitet hatte. „ Wie beträchtlich dieſe
Sammlung nachher noch, nicht nur, wiewohl
hauptſächlich im Mineralreiche, ſondern auch in den
beiden übrigen Reichen, und durch Kunſtſachen und
Seltenheiten geworden, iſt denen bekannt, die ſie
geſehen haben. Wenn ſie nicht ganz ſo in Ordnung
iſt, wie man von einer ſo beträchtlichen Sammlung
wünſchen kann, ſo war das bei ſeinen häufigen
Amts= und Berufsgeſchäften, die er nie darüber
hintanſeßte, und bei ſeinen vielen andern Arbeiten,

D

nicht

nicht anders zu erwarten. — Was ein jeder Liebha=
ber der Naturgeschichte in diesem so weitlduftigen
und ungemein reichen Felde thun soll, das that Stock=
hausen. Er nahm immer ganz vorzügliche Rücksicht auf
die Merkwürdigkeiten der Naturgeschichte seiner Ge=
gend. Dieß beweiset ein kurzer Aufsaß, den ich un=
ter seinen Papieren gefunden habe, mit der Ueber=
schrift: Oryctographia Luneburgensis, und mehre=
re Aufsäße, die die Naturgeschichte der Grafschaft
Hanau betreffen. Nicht lange vor seinem Ende
fieng er an, Nachrichten von den Merkwürdigkeiten
seines Kabinets aufzuschreiben, welche sich in dem 21
und 22ten Stück unsers dießjährigen Magazins be=
finden. Allein der Tod hinderte ihn an der weitern
Fortsetzung und Vollendung derselben. Diese Liebe
und Kenntniß der Naturgeschichte veranlaßte die
naturforschende Gesellschaft in Halle, ihn 1782
zu ihrem Mitglied zu erwählen. Bei dieser Gelegen=
heit will ich zugleich auch anführen, welche andere ge=
lehrte Gesellschaften ihn gleichfalls zu ihrem Mitglied
erwählten. Die deutsche Gesellschaft in Göttin=
gen; die lateinische in Karlsruhe; die Fürstl.
heßische akademische Societät der Wissenschaf=
ten in Gießen, und die Königl. Preußische ge=
lehrte Gesellschaft zum Nußen der Wissenschaf=
ten und Künste in Frankfurt an der Oder,
gleich bei ihrer Errichtung.

    Liebe zu dem eigentlich sogenannten Vaterlande
kann nie ganz in dem Herzen eines Menschen erster=
ben, besonders, wenn er in demselben die erste Er=
ziehung und Bildung erhalten hat. Wie konnte sie
also in dem gefühlvollen und dankbaren Stockhau=
sen erlöschen? Wie war es also anders möglich, als
daß er endlich einmal den oft gehegten Wunsch, sein
ge=

geliebtes Vaterland, das er nun seit beinahe 20 Jahren nicht betreten hatte, wieder einmal zu sehen, zu erfüllen suchte. Denn bei dem Antritt dieser Reise war ihm noch kein Gedanke daran gekommen, daß ihn Gott, ein halbes Jahr darnach, wieder in dieses Vaterland rufen würde. Er trat also am 19 Julius 1766 in der Gesellschaft seiner geliebten Gattin eine Reise dahin an. Ich führe sie auch um deswillen hier an, weil er auf derselben nicht nur manche Freundschaft mit würdigen Männern, deren Namen zum Theil noch jetzt unter uns berühmt sind, erneuert, sondern auch manche neue errichtet hat. Er reißte über Celle, Braunschweig, Göttingen, Cassel, Marburg (daß er auf dieser Reise Kirtorf und Gladenbach nicht vorbeigegangen ist, brauche ich nicht zu erinnern) Giesen, Frankfurt, Darmstadt, von da aus er auch Wiesbaden sahe, unterhielt sich auf dieser Reise mit einem Jacobi, Schmid, Gärtner, Stegmann, Dieß, Hamberger, Kästner, Pütter, Walch, Heine, Leß, Rolle, Koch, Böhm, Baumer, Mogen, Bechthold, Korthold, Plitt, sah überall die vorzüglichsten Merkwürdigkeiten, und kam auf dem nemlichen Wege am 21 September wieder glücklich nach Lüneburg zurück.

Eben dieser Reise aber bediente sich auch die Vorsehung, um die erste Veranlassung zu dem Rufe unsers Stockhausen nach Darmstadt zu geben. „Was ich niemals geglaubt hatte, so sagt er in der lateinischen Einladungsschrift zu der feierlichen Uebernahme dieses Amtes in Darmstadt, „das ist „durch die besondere Vorsehung Gottes, die ich mit „dankbarem Gemüthe verehre, geschehen, daß ich, „der ich zwanzig Jahre lang, unter einem fremden „Himmel, ferne von meinem Vaterland lebte, der= „einst dasselbe nicht nur wieder betreten, sondern

D 2   „auch

„ auch in demselben bleiben, und eben das Amt, das
„ ich auswärts verwaltete, auch wieder unter meinen
„ geliebtesten Mitbürgern begleiten sollte. Denn als
„ ich vor noch nicht einem Jahr eine schon längst
„ gewünschte Reise von Lüneburg aus in dieses
„ Land unternahm, um meine lieben Freunde und
„ Verwandte zu besuchen, so trug es sich zu, daß
„ das Amt, weswegen ich dieses schreibe, recht von
„ ohngefähr, erledigt war, und alle, die ich zu se=
„ hen, das Glück hatte, vielleicht mehr aus Liebe zu
„ mir, als durch mein Verdienst bewogen, gleich=
„ sam weissagend sprachen: daß dieß ein Amt für
„ mich sei. Ihre Liebe, soll ich nicht auch sagen,
„ ihre Weissagung? hat der Ausgang weniger ge=
„ täuscht, als ich erwartet, oder auch nur geahndet
„ hätte. Denn es gefiel unserm Durchlauchtigsten
„ Fürsten und gnädigsten Herrn, den Gott lange er=
„ halten wolle, nicht lange nach meiner Rückkunft
„ zu Hause, mir dieses Amt in so gnädigen Aus=
„ drücken Seines Willens zu verleihen, daß ich in
„ der Befolgung desselben meinen Ruhm, und zugleich
„ mein Glück, indem ich nunmehr meinem Vater=
„ land alle meine Bemühungen aufopfern könnte,
„ suche. „

Stockhausen verlies also am 26 Februar 1767
Lüneburg, sein zweites Vaterland — warum soll=
te ich es nicht so nennen, da er in demselben Gattin,
Freunde und Versorgung auf so viele Jahre fand —
und trat in Darmstadt sein neues Amt, als Pro=
fessor und Rektor des Gymnasiums am 24 April die=
ses Jahrs feierlich an. Wie kann ich seine ganze
rechtschaffene und redliche Verwaltung dieses Amts
besser, genauer und richtiger schildern, als wenn ich
ihn selbst darüber reden lasse, ihn, von dem man
auch nicht einmal in der Ferne den Gedanken hegen
kann, daß er auch nur in einer Kleinigkeit seine

Amtsverrichtungen öffentlich anders geschildert haben
sollte, als sie in der That waren. Man wird mir
um desto weniger über die länge dieser Einschaltung
einen Vorwurf machen, da diese Schilderung in ei=
ner Einladung zur Anhörung einiger öffentli=
chen Reden am 13 Julius 1769 nur auf wenigen
Blättern gedruckt ist, und da dergleichen fliegende
Blätter selten in vieler Hände kommen, oder doch
aufbewahrt werden.

„Ehe ich mein hiesiges Lehramt niederlege, so hab
ich geglaubt, von der Führung desselben meiner gnä=
digsten Obrigkeit, und überhaupt dem Hochachtungs=
würdigen Publiko eine öffentliche Rechenschaft schul=
dig zu sein, so wie ich mir ihrer in meinem Gewis=
sen und in dem Zeugniß meiner Zuhörer bewußt bin.
Ich habe also

1) In den Wissenschaften, die Grundsätze
der christlichen Religion nach meinem darüber ver=
fertigten Entwurf also vorgetragen, daß meine Zu=
hörer sowohl in dem dogmatischen als moralischen
Theile einen vollständigen und deutlichen Zusammen=
hang der vornehmsten Religionswahrheiten erlangen
mögten: ich diktirte ihnen die Sätze in die Feder,
weil das Schreiben einen doppelten Eindruck macht;
doch, um nicht zu viel Zeit darauf zu verwenden,
kurz, und in jeder Stunde, die zu dieser Lektion ge=
widmet war, nur wenige Paragraphen, welche darauf
erklärt, mit den nöthigen Beweissprüchen bestärkt, und
nach der Fähigkeit der Zuhörer deutlich gemacht wur=
den. Ich übergieng die entbehrlichen Subtilitäten
der Schultheologie, aber ich war desto mehr besorgt,
die Hauptwahrheiten unsrer heiligsten Religion für
alle, welche die Glückseligkeit des Christenthums füh=
len sollen, so nachdrücklich vorzutragen, daß das Herz
aus der natürlichen Trägheit und Gleichgültigkeit ge=

rissen,

riſſen, und durch ſolche erhabne Lehren, von denen man nie kalt und trocken, nie ſelbſt ungerührt reden muß, wenn man rühren will, gebeſſert werden mögte. Ich hab auch dieſen Weg ſehr gut befunden, und durch manche Proben noch mehr eingeſehen, was für ein groſſer Unterſchied unter der bloſen Gedächtniß= religion und der Religion des Herzens iſt, ohne wel= che der Lehrer allezeit vergeblich baut, und ein undank= bares Feld bearbeitet, wenn er auch Schüler von fä= higem Genie hätte, die bei der gröſten Ungezogenheit noch ſoviel lernen. Denn dieſes lernen wird mehr ſchädlich als nützlich: je mehr Verſtand und Gedächt= niß zunehmen, deſto mehr mißbraucht ſie das unhei= lige Herz, und dieſe Schätze in unreinen Gefäſſen verwandeln ihre wohlthätige Natur. So wahr iſt es, daß die Gottesfurcht aller Weisheit Anfang und Fortgang iſt.

In der Philoſophie iſt der ganze Curſus der gemeiniglich dazu gerechneten Disciplinen nach dem Baumeiſter durchgegangen und erkläret worden, ſo= weit ich es nach denen Einſchränkungen, womit die Philoſophie in Schulen getrieben werden muß, nö= thig und rathſam fand. Ich habe hauptſächlich auf die Grundbegriffe und Definitionen, auf die wichtig= ſten daraus hergeleiteten Sätze, und auf die vornehm= ſten Eintheilungen der Materien geſehen, und ich be= kenne es gern, daß ich bei längern Unterweiſungen in dieſem Studio, mir ein Compendium von mehrerer Kürze und Präciſion, ſowohl dem Gedächtniß zu Hülfe zu kommen, als auch, um es deſto öfterer wie= derholen zu können, gewünſcht haben würde. Weil Baumeiſter die Phyſik, den angenehmſten Theil der Philoſophie für junge Leute, ausgelaſſen hat, ſo trug ich ſie in gewiſſen beſondern Stunden den Liebhabern derſelben vor, mit den nothwendigſten Experimenten und Erläuterungen aus der Naturgeſchichte begleitet.

Die

Die Rhetorik habe ich nach dem eingeführten
Compendio völlig zu Ende gebracht. Um denjenigen
Theil derselben, welcher für diese Jahre der faßlichste
und interessanteste ist, neinlich von dem Stil, desto
besser einzuschärfen und praktisch zu machen, hab ich
nicht nur öfters Exempel, als Fabeln, kleine Er-
zählungen, Charaktere, Briefe ꝛc. bald in deutscher,
bald in lateinischer Sprache, noch ausser den gewöhnlichen Uebungen ausarbeiten lassen, sondern ich habe
auch noch besondere Stunden zur Bildung des Geschmacks aus Regeln sowohl, als durch Bekanntschaft mit guten Mustern gewidmet. Zur Empfeh-
lung einer vernünftigen Lektüre, welche diese ganze
Sache sehr erleichtert, und Genies aufweckt, hatte
ich gleich anfänglich nach Anleitung meines Hand-
buchs, in einer besondern Stunde die Bücherkennt-
niß von den besten Werken des Geschmacks, und der
schönen Wissenschaften zu befördern gesucht. Ich
habe meinen Zuhörern auch zu dem Ende mit nützli-
chen Büchern aus meinem Vorrath stets gerne gedient,
und überdas Gelegenheit gegeben, sich dergleichen ohne grosse Kosten selbst anzuschaffen. Oft las ich ihnen aus einem guten moralischen Buche etwas vor,
das eben nicht zu unserm vorgeschriebenen Lektions-
Katalogus gehörte, oder ließ sie auch selber lesen,
welches einen doppelten Nutzen hatte, einmal die
Aussprache und den Ton im Lesen besser zu bilden,
sodann aber auch die Aufmerksamkeit mehr zu fixiren,
indem sie den Inhalt des Hergelesenen kurz wieder er-
zehlen sollten. Ich habe mich gefreut, als ich diese
Manier in des berühmten Abbts Schulordnung,
welche der Herr Graf von Bückeburg in seinem
Lande bestätigt und autorisirt hat, eben so empfohlen
fand. Im Declamiren hätte ich gerne mehrere Uebungen gesehen, wenn die Ausarbeitung eigner Reden nicht zu viel Zeit und Mühe gefordert hätte;
doch ist es nicht gänzlich versäumt worden, und ich
hof-

hoffe, daß man dieses auch bei den gewöhnlichen öffentlichen Redübungen nicht verkannt haben wird.

In der Poesie hab ich mich mehr damit beschäf-
tigen können, meinen Zuhörern das Wesentliche derselben zu erklären, und zu zeigen, wie man Poeten
mit Nutzen lesen und verstehen soll, als ich mich des
Glücks rühmen könnte, viele poetische Genies erweckt
und gebildet zu haben, so sehr ich auch beständig dazu aufgemuntert, und selbst Entwürfe gegeben habe.
Dieses Talent läßt sich am wenigsten zwingen, und
man kann endlich auch ohne dasselbe, noch Verdien-
ste genug von jeder andern Art erlangen. Doch erinnere ich mich unter andern hierbei an ein paar Brü-
der, welche jetzt auf der Universität sind, die mich
oft durch sehr glückliche Versuche erfreuet haben, und
welche, wenn sie in dieser Proportion fortschreiten,
gewiß dereinst einen Platz unter unsern besten Dich-
tern erlangen können. Ich habe die Aeneis des
Virgils in der poetischen Lektion einmal ganz
durchgelesen, und zum zweitenmal die fünf ersten Gesänge derselben. Ferner die sämmtlichen Oden des
Horaz; nach Abzug der wenigen, die man in gesitte-
ten Schulen nicht übersetzen muß. Die auserlesen-
sten hab ich oft von den meisten, welchen Verse zu
schwer waren, in deutscher Prosa schriftlich übersetzen lassen. Hiernächst haben wir auch das erste
Buch seiner Satyren miteinander durchgelesen.

Was 2) die Sprachen betrift, so sind in der
griechischen Sprache einige Evangelisten, und einige der längsten Apostolischen Briefe im N. T. durch-
explicirt und analytisch nach der Grammatik durchgegangen worden. Ausserdem haben wir das Epikte-
tische Handbuch, und das Gemälde des Cebes
gelesen. Griechische Ausarbeitungen hab ich nur selten machen lassen, und Reden, oder griechische Verse

·se niemals, weil ich in diesem Stück von den richtigen Urtheilen eines Gesners und Ernesti völlig
überzeugt bin.

In der lateinischen Sprache, ist der Curtius
fast zweimal, Cicerons Bücher von den Pflichten,
nebst den angehängten Gesprächen, von dem Alter
und der Freundschaft zweimal, eben desselben aus-
erlesene Reden meist zweimal, die Briefe des jüngern Plinius, bis auf wenige, ganz durchgelesen
worden. Was aus den erklärenden Hülfswiss.nschaf-
ten, als aus den Antiquitäten, aus der Historie,
Geographie und Mythologie nöthig war, ist allemal
gehörigen Orts erinnert worden, doch ohne die cur-
sorische Lektion zulang dadurch zu unterbrechen. Insonderheit habe ich auf den Parallelismus der Autoren fleißig gesehen, und gezeigt, wie man sie unter-
einander selbst vergleichen soll Zur Uebung im La-
teinschreiben gereichten nicht nur die zwei gewöhnlichen Exercitia in der Woche, deren Korrektur ich
durch mündliche Anmerkungen noch nützlicher zu machen suchte, sondern die Selektaner haben auch oft,
blos zur Vermehrung der Fertigkeit (denn elegant
wird der Stil dadurch eben nicht) dasjenige gleich
Latein geschrieben, was ich für die andern Deutsch
diktirte. Uebersetzungen fand ich sehr nützlich, und
wenn ich es sagen soll, fast am allernützlichsten, weil
man sich mit einer Sprache durch nichts geschwinder
bekannt machen kann, und weil sie .och da,u eine
vortheilhafte Beschäftigung in zwo Sprachen zugleich
geben.

Zur Vermehrung sowohl der Real- als Verbal-
Erkenntniß und zur Nahrung für den Geschmack
hab ich Auszüge aus den Autoren zu machen ange-
rathen, und deswegen unter dem Lesen immer die
Aufmerksamkeit auf die schönsten Stellen vorzüglich

C   ge-

gelenkt und den allgemeinen Begriff oder Hauptge=
danken bestimmt, darunter sie könnten ausgeschrieben
werden, auch selten vorkommende Wörter und Wort=
fügungen, oder Ausdrücke von einer besondern Ener=
gie: und diese Sammlungen wurden zu desto mehre=
rer Bequemlichkeit nach alphabetischer Methode wie
ein lexicon eingerichtet. Ich kenne verschiedene, die
diesen Rath mit Ausdehnung auf ihre ganze lektüre
vorzüglich angenommen haben; und die Folgen davon
in der zunehmenden Neigung zu den Studien und in
der Verbesserung ihres Geschmacks waren augenschein=
lich zu sehen. Denn dieses ist überhaupt der wich=
tigste Zweck in allen meinen Unterweisungen gewe=
sen: nicht das Mechanische oder die Ueberhäufung
des Gedächtnisses, und ich habe bemerkt, was für
einen Einfluß dieses auch auf die Sitten gehabt hat.

Gut deutsch reden und schreiben ist dann auch
noch für einen Deutschen eine Pflicht, wenn er schon
griechisch und latein genug verstünde. Ich habe da=
her dieses Stück der Unterweisung in einer lateinischen
Schule, gar nicht für überflüßig gehalten, aber ich
habe es mehr praktisch, zumal in einer schon geläu=
figen Sprache, als durch viele Theorien von Regeln
getrieben, die der lernende nur zu leicht wieder ver=
gißt, wenn ihm das Exempel nicht hilft. Und un=
ter diesen Exempeln frappiren ihn seine eigne Fehler
am meisten, wenn man sie ihm in einzelnen Fällen zeigt
und korrigirt. Hierunter kommen ausser den Fehlern
der Orthographie am meisten die Provinzialwörter
und Redensarten vor, wovon ein jeder Kreis in
Deutschland seine eigene hat, und dergleichen ich aus
dem hiesigen schon so viele bemerkt habe, daß daraus
mit der Zeit eine solche Sammlung erwachsen könn=
te, als Richey und Strodtmann von Niedersach=
sen und Westphalen gemacht haben.

Meis

Meine Lehrstunden überhaupt, die mir in meinem Amte zugetheilt waren, hab ich höchstselten und nur bei unvermeidlichen Hindernissen ausgesetzt, dergleichen ich, dem Höchsten sei Dank, sehr wenige gehabt habe, um keinem meiner Herren Kollegen beschwerlich zu fallen, da ich selbst in Vicariatszeiten das Verdrüßliche nur garzuwohl empfunden habe, welches aus der Zusammenziehung ganz verschiedner Klassen entsteht, und welche Perioden, wenn sie zumal lang anhalten, einer Schule immer nachtheilig sind.

Ich habe mir übrigens stets ein Vergnügen daraus gemacht, mich Hofnungsvollen Jünglingen auch durch Umgang und Privatunterredungen mitzutheilen, so oft sie mir Gelegenheit dazu gegeben, oder meinen Rath verlangt, oder meine Geschäfte es erlaubt haben, und ich nehme die angenehme Hofnung mit, daß ich mir auch hier an den meisten Freunde erzogen habe.

Die Bibliothek des Pädagogiums, eine sehr gute Anstalt, die nur mehr Auswahl und Unterstützung zu ihrer künftigen Erweiterung verdiente, hätte ich in einer völlig guten Ordnung zu hinterlassen gewünscht. Ich traff sie in der allergrösten Konfusion an, die sich denken läßt, und bei genauerer Nachsicht auch sehr defekt. Die vorhandenen Verzeichnisse waren mangelhaft, und zum Theil sehr unleserlich geschrieben. Ich fing also an, einen ganz neuen Katalogus mit Hülfe einiger meiner Zuhörer zu machen, welche zu diesem Geschäfte viel Lust und Application bezeigten, so wie überhaupt in ihrem Studieren einen rühmlichen Fleiß, und die Bücher sogleich nach der Ordnung der Wissenschaften aufzustellen. Diesen Sommer hatte ich zur Vollendung bestimmt. Allein auch dieses ist, was verhältnisweise die meis-

sten

ſten Geſchäfte unſers Lebens ſind, ein Fragment —
den Verdienſten des Nachfolgers aufbehalten.

Dieſes iſt die kurze Abbildung meines in das
dritte Jahr hier geführten Amts. Was ich recht ge‐
than habe, iſt alles meine Pflicht geweſen, und ich
bin mir bewußt, daß dieſe Pflicht mein Vergnügen
war. Worinn mich meine Unvollkommenheiten und
Schwachheiten gehindert haben können, dieſes oder
jenes beſſer zu machen, das wird man mir vergeben,
weil es nicht von meinem Willen oder Vorſatz abge‐
hangen hat. „

Wie manchen rechtſchaffenen und für die Welt
in mancherlei Rückſicht brauchbaren Mann wird
nicht Stockhauſen in den wenigen Jahren ſeines
Aufenthalts in Darmſtadt auf dieſe Art gebildet ha‐
ben? und was für ein wonnevolles Bekenntniß muß
es nicht für ihn geweſen ſein, daß er die Hofnung
mitnehme, er habe ſich auch hier an den meiſten
Freunde erzogen; und ich weiß es, daß er öfters in
der Folge die ſüſſe Erfahrung hatte, ſich in ſeiner
Hofnung nicht getäuſcht zu haben. Zwar kann ich
unter ſeinen hieſigen Zöglingen keinen nennen, der ſich
in der gelehrten Welt einen berühmten Namen ge‐
macht hätte; aber ſind denn eben dieſe nur allemal
die brauchbarn, und iſt das allein nur Verdienſt,
berühmte Gelehrte gebildet zu haben, oder iſt es nicht
oft ein weit gröſſeres, mit viel mehr ſüſſer ruhiger
Freude verknüpftes, nützliche Bürger des Staats,
wenn ſie gleich nie Schriftſteller werden, erzogen zu
haben? Von den letztern könnte ich hier mehrere nen‐
nen, an deren Bildung Stockhauſen Antheil hatte;
aber um keinen zu übergehen, nenne ich keinen.

Seine kleinern und gröſſern Schriften, die er hier
herausgegeben hat, — denn er war überall, auch für
das

das gröffere Publikum thätig — find nachfolgen-
de:

> *De momentis quibusdam circa juventutem*
> *educandam plerumque neglectis* 4.
> Darmst. 1767.

Dieß war sein Antritts-Programma in Darmstadt,
womit er zum feierlichen Antritt seines Amts und zur
Anhörung einiger Reden einlud. Unter seinen Papieren findet sich ein anderer wahrscheinlich beinahe vol-
lendeter Auffat bei eben dieser Gelegenheit, der De
patriae amore, quem Patriotismum vulgo dicunt
handelt. Vermuthlich aber hat er aus irgend einer
Ursache seinen Vorsat geändert, und jenes Programma drucken lassen.

> Gedanken von der Verbesserung der
> Zeiten durch die verbesserte Erzie-
> hung der Jugend, eine Einladungs-
> schrift 4. 1767.

> *Memoria J. P. Zahnii* fol. 1767.

> *De praecipuis quibusdam litterarum praesi-*
> *diis in Atheniensium quondam ac Ro-*
> *manorum Scholis.* Darmst. 1768.

> Von der Erziehung der Jugend, welche
> insonderheit die Bildung des Her-
> zens betrift 1 St. Darmst 1768.

Beide letztere sind wieder Einladungsschriften zu Anhörung einiger Reden,

> Rede auf die Vermählung des Durchl.
> Landgrafen zu Hessen Homburg und
> des Durchl. Prinzen Karl zu Mek-
> lenburg mit zwei Hessen Darmstäd-
> tischen Prinzeßinnen 4. 1768.

> *De apotheosi quaedam veterum.* Ein Pro-
> gramma auf den Tod Ludwigs des Ach-
> ten s. z H. mit einer Kantate zur Trauer-
> musik auf diese Gelegenheit fol. 1768.

*Ad Ludovicum IX. Haffiae Landgr. accla-
matio votiva Gymnafii nomine fcripta
fol.* 1768.

Progr *Illuftris paedagogii Darmftadini Hi-
ftoria fuccincta* 4. Darmſt. 1769.

Einladung zur Anhörung nachfolgender
Reden am 13. Jul. 1769.

Rede auf die Vermählung des Prinzen
von Preuſſen, mit der Prinzeßinn
Friederike zu Heſſen Darmſtadt.

Abſchiedsrede 4. 1769.

Muſter der Staatsberedſamkeit ꝛc. nebſt
einigen Betrachtungen über die Ge=
ſchichte der Staatsberedſamkeit 8.
Berlin 1768.

So verließ alſo nun Stockhauſen ſein Vaterland
zum zweitenmal, um einem wichtigern Ruf zu fol=
gen. Ehe ich ihn nach Hanau begleite, muß ich noch
eine kleine Stelle aus ſeiner Abſchiedsrede in Darm=
ſtadt hier anführen, die uns die Ergieſſungen ſeines
von Dank ganz erfüllten Herzens, bei dieſer Gele=
genheit zeigt: „Es iſt eine Vorſehung ſagt er, „
„ welche unſere Schickſale regiert, und glücklich, wel=
„ cher mit Zutrauen bei den mancherlei Abwechslun=
„ gen des Lebens an ſie denken kann, ohne über ſei=
„ ne Entwürfe, die er nie ihrem Gebiet zu entreiſ=
„ ſen geſucht hat, zu erröthen. In dieſem Falle
„ hoffe ich mich auch jetzt zu befinden, da ich mich
„ von einer Geſellſchaft trennen ſoll, die mir ſtets
„ ehrwürdig, ſtets theuer und lieb bleiben wird.

„ Ja, mein Gott, wenn ich einen Augenblick
„ in meinem Leben gezweifelt hätte, daß du der Stif=
„ ter meiner Glückſeeligkeit und Ruhe, der Regierer
„ meiner Tage in der Unruhe ſeiſt, ſo wäre ich, als
„ der undankbarſte Menſch, dieſes Lebens unwürdig
„ das

„ das mit so vielen Beweisen deiner väterlichen und
„ wunderbaren Leitungen von meiner Kindheit an
„ bis hieher bezeichnet ist. Wer hat mich aus so
„ mancher Gefahr gerettet? Wer schenkte mir in
„ einem ganz fremden Lande, darin ich ein grosses
„ Theil meines Lebens zubringen sollte, Freunde, Bei-
„ fall und Versorgung? Wer brachte mich wieder
„ in mein geliebtes Vaterland zurück, worinn ich
„ mit so vieler Güte aufgenommen ward? Und wer
„ heisset es mich jetzt zum andernmal verlassen, und
„ die letzte Periode meines Lebens einem neuen und
„ für die Ewigkeit geschäftigen Berufe in deinem
„ Dienste zu widmen? — Ach! du warst es, der
„ mich bis hieher gebracht hat, und ich bin viel zu
„ gering aller der Treue und Güte, die du an mir
„ gethan hast. Wie viel vergnügte Tage bin ich dir
„ schuldig? Wie manchen Trost in den traurigen! —
„ O nimm mein ganzes Herz dir zum Dankopfer hin,
„ und heilige es deiner Gnade immer mehr und mehr,
„ daß ich den Ruhm, den einzigen, wornach ich in
„ meinem ganzen Leben getrachtet habe, rechtschaffen
„ zu handeln und nicht unnützlich in der Welt gewe-
„ sen zu sein, auch dann nicht verfehle, wenn die
„ Schatten meines Lebens grösser werden, und der
„ entscheidende Augenblick endlich herbeikommt, der
„ mich zur Rechenschaft aus diesem Thale der Prü-
„ fung hinüber führt. „

Wer mit solchen frommen und richtigen Empfindungen ein so wichtiges Amt antritt, der muß es gewiß mit sehr vielem Seegen führen; und das hat
auch die Erfahrung bestätigt. Ja wohl war es die
letzte aber auch wichtigste Periode seines Lebens, der
wir nur eine längere Dauer gewünscht hätten; denn
er hat sich in derselben in einem eben so vortreflichen
Lichte gezeiget, als in den vorhergehenden. So reich-
hal-

haltig, so lehrreich und praktisch sie ist, so muß ich mich doch kurz bei derselben fassen.

Er kam also im Sommer 1769 nach Hanau, und hielt am 6 August seine Antritspredigt in der Stadtkirche in Gegenwart unsers Hochfürstl. Hofs, der sich damals in Philippsruh aufhielt. Diese Predigt befindet sich in der Sammlung, die er als die Erstlinge seines Amts gleich in dem folgenden Jahr unter dem Titel:

Einige Predigten 8 Hanau 1770.

herausgab. Schon von diesen ersten seiner gedruckten Predigten kann man das Urtheil fällen, daß sie plan, ordentlich und gründlich sind, daß er sich die Erbauung seiner Zuhörer, wie er mit Recht im Vorbericht sagt, zum ersten und letzten Gesetz bei seinen Predigten gemacht habe. Auch diesen Erstlingen sieht man es im ersten Anblick an, daß er eine treffliche und musterhafte Wahl der Materien zu seinen Predigten zu treffen und seine Zuhörer zu unterscheiden wußte, und hierin in der Folge noch weit mehr versprach; denn in diesem Bändchen sind auch schon einige Predigten befindlich, die er vor der gnädigsten Herrschaft in Philippsruh im Zimmer gehalten hat. Und diese Erwartung hat er nicht getäuscht. Denn er wurde nachher als praktischer Prediger immer mehr und mehr geliebt, und sehr gerne, und gewiß auch mit eben so vielem Nutzen als Seegen und zwar nicht nur von seiner eigenen Gemeinde, sondern auch von vielen aus der Reformirten gehört. Ich darf mich hier getrost auf das Zeugniß unserer Mitbürger berufen. Daß unser verewigter Stockhausen mit Wärme (denn wo Ueberzeugung, wo Theilnehmung ist, da ist allemal auch Wärme) mit Nachdruck, mit Rührung wirksam sprechen konnte, davon haben wir häufige Beweise gehabt.

Er

Er gab in den vier Jahren von 1777—1780.
Grundriſſe ſeiner Predigten über die
Evangelien und Epiſteln, auch über
frei gewählte Texte
heraus, wobei ſeine Hauptabſicht war, ſeiner Gemeinde durch Vorbereitung auf die Anhörung ſeiner
Predigten, und durch eine bleibende Wiederholung
derſelben zu Hauſe immer nützlicher zu werden.
Und dieſer Nutzen blieb nicht aus. Nach dem Wunſch
ſehr vieler fieng er ſie daher in dieſem gegenwärtigen
Jahre wieder an, ſo, daß er auf einem halben Bogen die Entwürfe von vier folgenden Sonntagspre-
digten auf einmal zum voraus herausgab.

Mit der Herausgabe ſeiner andern Predigten
aus ſeiner ſehr zahlreichen Sammlung eilte er gar
nicht, denn erſt im Jahr 1777 kam ein neuer Band
derſelben unter dem Titel:
Predigten über gewählte Texte gr. 8.
in Frankfurt heraus, und erſt vier Jahre darauf erſchien in Gieſen der eigentliche zweite Theil deſſel-
ben mit dem Titel:
Neue Predigten über gewählte Texte 1781.
Beide Theile ſind überall mit öffentlichem Beifall,
wie ſie es verdienen, aufgenommen worden.
Gewiß iſt es auch eine auserleſene Sammlung aus
den Predigten, die er in der ganzen Zeitfolge ſeines
Amts bis dahin, theils in Philippsburg, theils in
der Stadtkirche gehalten hat. Es befinden ſich auch
einige Caſualpredigten darunter, die gleichfalls ſehr
hervorſtechende Muſter ſind, daher auch mehrere in
verſchiedenen, blos zu dergleichen Predigten beſtimm-
ten Sammlungen, zur gänzlichen Zufriedenheit der Leſer aufgenommen worden ſind. Ueberhaupt beſaß er
eine ganz vorzügliche Stärke darin, einzelne Bege-
benheiten, ſie mogten nun jetzt erſt, oder vor meh-
rern Jahren vorgefallen ſein, die ſeinen Zuhörern
wichtig ſein oder werden konnten, auf die ungezwun-

F   gen-

genste Art, zu desto grösserer Erbauung, in seinem Vortrage zu nuzen.

Es ist hier der Ort nicht, diese beiden Sammlungen eigentlich zu beurtheilen, aber das muß ich noch anführen, daß sie auch von seinen Zuhörern häufig gekauft und gelesen wurden, und daß sich auch hierin noch die Liebe seiner Gemeinde zu ihm nach seinem Tode gezeigt hat, indem gleich in den ersten Tagen nach demselben viele Exemplare in dem hiesigen Waisenhause, das sie in Kommißion hat, gekauft wurden.

Nur noch das Urtheil eines Millers in Göttingen, aus einem Brief von ihm an unsern Verewigten vom Jahr 1777 will ich hier anführen. „Wegen des Inhalts Ihrer Predigten bezeuge ich „Ihnen meine vollkommenste Zufriedenheit. Die „letzte hat mich bis zu Thränen gerührt, und ich „habe meine brünstigen Wünsche mit den Ihrigen, „vortreflicher Lehrer, vereinigt. Ja, Gott erhalte „Sie und Ihre so seltene Gabe, die theuersten „Wahrheiten mit so viel Wahrheit, Kraft, und „edler Simplicität vorzutragen, der Kirche noch „viele Jahre. „

Ich habe oben die Sammlung seiner geschriebenen Predigten sehr zahlreich genannt, und das ist gewiß im strengsten Sinn des Worts richtig, denn er war in diesem Stück seiner Amtsführung ganz vorzüglich gewissenhaft und ausserordentlich fleißig, so, daß er, wenn er nicht auf Kirchenvisitationen oder krank, ja sehr krank war, (denn selbst in seiner letzten Krankheit, die ihn uns raubte, ließ er sich nicht abhalten, noch am 13 Junius dieses Jahrs bei grosser Schwachheit auf die Kanzel zu treten. Doch das war auch seine letzte Predigt) sehr selten seine gewöhnliche Predigt aussetzte.

Was für ein seltenes Beispiel von einem Prediger, von einem Mann, der sonst noch über so viele

Kirchen und Gemeinden wachen mußte, auf dem noch
so viele andere wichtige Geschäfte ruhten, der von
sich in der Vorrede vor den Grundriſſen des ga..zen
Jahrs 1780 ſagen konnte, er ſei nur zweimal genö=
thigt geweſen, ſeinen mündlichen Vortrag über eini=
ge Entwürfe in dieſer Sammlung auszuſetzen. Da=
mit Auswärtige dieſe groſſe Thätigkeit, dieſen uner=
müdeten Geiſt in ſeinem ganzen Lichte ſehen, ſo muß
ich hier noch erinnern, daß er auch die Wochen=
betſtunden und Predigten hielt, wenn die Reihe die=
ſer Amtswoche ihn traf. Dazu kommt nun noch,
daß er den unabänderlichen Grundſatz hatte, (und
wer anders als der, der Bequemlichkeit liebt, wird
dieſem Grundſatz widerſprechen?) alle ſeine Predig=
ten von Wort zu Wort aufzuſchreiben; und an der
Ausübung dieſes Grundſatzes durfte ihn nie nichts
hindern. Daher findet man alle ſeine Predigten, die
er gehalten hat, ſelbſt manche Wochenbetſtunden und
Wochenpredigten, doch wenigſtens von dieſen die Ent=
würfe, vollkommen ſo ausgearbeitet, wie er ſie ge=
halten hat; und wenn er einige derſelben zum Druck
auslas, ſo änderte er dann auch nur wenig an den=
ſelben. Nur noch ein einzigesmal komme ich zu die=
ſen Predigten ſelbſt zurück, und zwar beſonders zu
derjenigen, aus der ich hier ſchon ſo manche Stelle
angeführt habe. Er hielt ſie, wie ſchon geſagt, im
Jahr 1775 an ſeinem Geburtsort Gladenbach, da
er eben das funfzigſte Jahr zurückgelegt hatte. Die
letzte Stelle, die ich daraus anführen will, ſoll uns
ſeine Geſinnungen bei dieſem groſſen Abſchnitte ſeines
Lebens zeigen: „Ich habe geſtern das fünfzigſte Jahr
„ meines Alters zurückgelegt: Ich dachte in meinem
„ jüngern Leben nicht, daß ich es erreichen würde,
„ noch weniger, daß ich dieſes Jahr an dem nemli=
„ chen Ort erleben würde, wo ich das erſte in mei=
„ ner Wiege anfieng. Wie bald ſind ſie verfloſſen
„ dieſe 50 Jahre. Zwar unter manchen Abwech=

„ ſuns

„ lungen, unter heitern und trüben Tagen, — aber
„ im ganzen Jnbegriff doch gut, und mit unend-
„ lich vielen Merkmalen der Gnade meines Gottes
„ bezeichnet. Jch freue mich von Grund des Her-
„ zens, diesen Tag erlebt zu haben, wo mich zwar
„ das Andenken meiner Jugendspiele sehr an die
„ Flüchtigkeit der Jahre erinnern kann, die ich mir
„ auch schon früh einprägte, wann ich wider die
„ Gewohnheit des Kindheitalters, oft nachdenkend
„ hier unter den Grabmälern gieng, und die Ueber-
„ schriften las. — Aber ich freue mich doch, diesen
„ Tag, (Gott du weißt es, ob er noch mit einem
„ Jahre vermehrt werden soll!) hier an meinem
„ Geburtsorte, unter meinen geliebten Landsleuten,
„ unter meinen noch übrigen geschätzten Freunden
„ von allen Ständen, unter den Freunden, die ich
„ nicht verdient, die ich von meinem Vater geerbt
„ (eine mir theure Erbschaft!) diesen Tag unter al-
„ len solchen Umständen erlebt zu haben, und dem
„ Herrn hier öffentlich meine Dankopfer dafür zu
„ bringen. „
Endlich muß ich hierbei noch eine Anekdote anführen, die uns einen Zug seiner Wohlthätigkeit
schildert. Wahre Wohlthätigkeit wird nur im Ver-
borgenen ausgeübt, darum werde ich auch nur wenig
von der Wohlthätigkeit Stockhausens anführen können, ob sie sonst gleich nicht wenige Züge zum Karakter seines Lebens hergeben könnte. Die folgende Anekdote zeigt offenbar, wie er jede Gelegenheit sorgfältig
ergriff, wohlthätig zu sein, und wie er sich immer Mittel zu verschaffen wußte, wohlthätig sein zu können.
Von der ersten Sammlung seiner Predigten, worin
die Gladenbacher enthalten ist, schickte er an Jemand
in Gladenbach 15 Exemplare, sie zu verkaufen und
den Ertrag unter die dortigen Dürftigen auszuthei-
len. Seine Absicht wurde erreicht. War das nicht
gewissermaßen eine doppelte Wohlthätigkeit?

So

So treu Stockhausen in seinem Amte als Pre=
diger war, so war er es auch, wie sich leicht vermu=
then läßt, in seiner ganzen übrigen Amtsführung.

Er ließ sich die Kirchen= und Schulvisitationen der
ihm untergebenen Pfarreien sehr eifrig angelegen sein,
und betrachtete dieß Geschäft nicht als eine Gelegen=
heit, sich ein Vergnügen und eine Veränderung zu
machen, sondern arbeitete, wie ich aus dem Mund
dessen weiß, der ihn auf denselben begleitete, auch
dann sehr emsig; so viel ihm aber Zeit übrig blieb, so
suchte er sich bei dieser Gelegenheit eine nähere Kennt=
niß des Landes, vorzüglich in Ansehung der Natur=
geschichte überhaupt, und einiger Merkwürdigkeiten
derselben insbesondere zu sammlen; er hielt die Katechi=
sationen sowohl Sonntags öffentlich in der Kirche,
als auch zweimal in der Woche im Hause, und wann
die Confirmation herannahete noch öfter, unausge=
setzt, und hatte daher auch immer eine zahlreiche Ge=
sellschaft von Kindern manchmal zweimal im Jahr
zu confirmiren; er besuchte alle Kranken ohne Unter=
schied des Standes vom vornehmsten bis zum allerge=
ringsten und manchen nach Befinden der Umstände
an einem Tag mehrmals, auch selbst mitten in der
Nacht, wenn er gerufen wurde, so fleißig, daß ich
in seinem darüber geführten Tagebuche einmal neun
solcher Krankenbesuche an einem Tag gezählt habe.
Wenn er etwas von dem nicht moralischen Leben ir=
gend eines seiner Gemeindsglieder erfuhr, so ließ er
es nie an dem gehörigen Ernst fehlen, um ihn auf
bessere Wege zu bringen, und vorzüglich ließ er es sich
sehr angelegen sein, den gestörten Hausfrieden in den
Familien wieder herzustellen und größtentheils seegnete
Gott seine Bemühungen. Wenn ich nun noch hin=
zufüge, daß er mit den ihm untergebenen Predigern
so freundschaftlich umgieng, daß sie ihn alle lieben
mußten, aber auch in nöthigen Fällen den gehörigen
Ernst gegen sie zeigte, so, daß sie alle Ehrfurcht vor

F 3　　　　　ihm

ihm hatten, so habe ich in Stockhausen das Muster eines rechtschaffenen und treuen Superintendenten, Seelsorgers und Predigers nach der Wahrheit geschildert.

Ich muß nicht vergessen, noch zu sagen, daß er zu mehrerer Aufklärung seiner Gemeinde in der Religion, zu gereinigterer Erbauung, und zum zweckmäßigern Unterricht in der Religion folgende Schriften herausgab.

Ueber das alte und neue Christenthum, ein Sonntagsblatt. Hanau 1781 und 1782, 2 Theile.

Es kam davon jeden Samstag ein Blatt von einem viertel Bogen heraus, worin er über die wichtigsten Gegenstände unserer Religion, von dem Anfang des Christenthums her bis auf unsere Zeiten sprach und sie zur gemeinnützigen Erbauung anwandte, im zweiten Theil auch einige Auszüge aus den Schriften Apostolischer Männer der ersten Kirche, und einige Geschichten der Märtirer gab, und zuletzt eine summarische Beschreibung des Christenthums durch alle Jahrhunderte und eine kurzgefaßte Nachricht von der Reformation hinzufügte.

Der hanauische Katechismus, verbessert und vermehrt.

Grundsätze der christlichen Religion, mit ausgedruckten Stellen der heiligen Schrift.

Neues hanauisches Gesangbuch. Hanau 1779.

Dieß ist eins von denjenigen, welches nach dem allgemeinen öffentlichen Urtheil unter die vorzüglichsten der bisher in Deutschland erschienenen neuen Gesangbücher gehört. Es ist aus den besten neuen liederdichtern gesammlet, hin und wieder sind alte verbessert, und noch andere ungedruckte hinzugefügt worden. Folgende ungedruckte sind von dem Herausgeber

ber selbst. Num. 99, 130, 154, 165, 178, 516, 531, 545, 546, 576. Obgleich alles Neue, wenn es auch noch so gut ist, anfangs einigen Widerstand erfährt, so war doch dieses neue Gesangbuch bald in allen Evangelisch lutherischen Gemeinden unserer Grafschaft eingeführt.

Unter seine Bemühungen zur Beförderung einer aufgeklärten Erziehung, und eines zweckmäßigern Unterrichts der zarten Jugend gehört:

Weihnachtsgeschenk für Kinder von einem ihrer Freunde.

Es erschienen davon von 1776—1781 sechs Stücke. Ein sehr kleines Büchlein, das aber bei seiner Erscheinung den Kindern jedesmal sehr grosse Freude erregte, und vielen Nutzen stiftete, der nach dem innern Werth des Büchelchens nicht ausbleiben konnte.

Hieher gehört auch gewissermaßen die Errichtung einer Freischule für arme Mädchen, die ihm ihre Entstehung zu danken hat. Denn er ließ im Mai 1782 ein gedrucktes Blatt: „ Vorschlag zur bessern Erziehung armer Mädchen, in nöthiger Handarbeit, durch eine Freischule „ herumgehen, und diese Schule kam wirklich den 24 Jul. desselben Jahrs, aber blos durch freiwillige Privatbeiträge zu Stand. Es sind davon keine arme Kinder, von welcher Kirche sie sein mögen, ausgeschlossen. Sie besteht noch jetzt. Es ist aber zu wünschen, daß sie noch kräftiger unterstützt werde, damit dieß löbliche Werk nicht nach seinem Tode sobald zerfalle.

Gewiß würden wir noch mehr dergleichen Früchte seines thätigen Fleisses in mancherlei Fächern von ihm erhalten haben, wenn er mehr Herr von der wenigen Zeit gewesen wäre, die ihm von seinen Amtsgeschäften übrig blieb; denn theils sein Amt selbst, theils seine grosse Bekanntschaften mit Gelehrten, und sein eigener als Gelehrter berühmter Name, theils sein leutseeliger, freundschaftlicher, rathvoller,

F 4 uns

unterhaltender und gaſtfreier Umgang, zogen ihm eiſ
nen ſo häufigen Zuſpruch zu, daß ich, als öfterer
Augenzeuge davon, dennoch oft die Geduld dieſes Manſ
nes bewundern mußte, und nur äufferſt ſelten ließ er
Jemand abweiſen. Ich erſtaune daher, daß ich unſ
ter ſeinen Papieren ſo ungemein viele kleine Gedichſ
te, Gedanken, kurze Aufſätze, mancherlei Entwürſ
fe, gefunden habe, die häufig bloſe Bruchſtücke, und
oft mitten im Wort abgebrochen ſind. Unter dieſe
Entwürfe gehört auch ein Erbauungsbuch für den
Kriegsſtand, das auch ſchon öffentlich angekündigt
war, nun aber von einem andern dazu tüchtigen
Mann ausgeführt werden wird.

Aus allem dieſem läßt ſich zugleich auch ſchlieſſ
ſen, daß die hieſige Litteratur an ihm einen thätigen
Beförderer gehabt hat. Vielleicht hat er zur Beförſ
derung derſelben mehr in der Stille gewirkt, als man
denkt und erfahren hat. Soviel iſt wenigſtens unſ
leugbar gewiß, daß in der Zeit ſeines Hierſeins in
unſere Litteratur mehr Thätigkeit und Leben gekomſ
men iſt; ohne damit ſagen zu wollen, daß ſie vorher
ganz geſchlafen hätte, und die Verdienſte unſerer anſ
dern würdigen hieſigen Gelehrten hierin zu verkennen.
Gleich anfangs gab er den 6 Band der
          Bibliothek der neueſten ausländiſchen
              Litteratur vom Jahr 1770
heraus, den hier Schulze verlegte, wozu er aber
vermuthlich aufgefordert worden iſt. Um aber noch
manchen vielleicht ſchlafenden guten Kopf aufzuſ
wecken, und manches unbekannte Talent in Thätigſ
keit zu ſetzen, und unſere Mitbürger näher mit den
Merkwürdigkeiten unſeres Landes bekannt, und Litſ
teratur immer gemeinnütziger zu machen, ſo veranſ
ſtaltete er eine vaterländiſche Wochenſchrift, die mit
dem Jahr 1778 unter dem Titel:
          Hanauiſches Magazin

                                        den

den Anfang nahm, wovon jeden Samstag ein halber
Bogen, auch manchmal ein ganzer herauskommt,
und welches noch jetzt mit Beifall fortgesetzt wird.
Er war der Herausgeber der 6 ersten Bände desselben
und von ihm selbst finden sich sehr viele Aufsätze darinn.   Er errichtete zu eben diesem Endzweck in dem
Ev. luth. Waisenhause eine öffentliche Lesebibliothek,
welche noch jetzt besteht, und durch die jährlichen Ver-
mehrungen eine sehr ansehnliche Sammlung von gemeinnützigen Schriften geworden ist.   Endlich gab er
auch noch heraus:

Andachten eines Ungenannten 8 Giesen
1783.
Sie sind wirklich nicht von ihm selbst, sondern er
hat sie nur mit einer kurzen Vorrede begleitet.

Kurz vor seiner Ankunft in Hanau war ein
Ev. luth. Waisenhaus, woran es bis dahin noch in
Hanau gefehlt hatte, mit sehr geringem Fond errichtet
worden. Mit was für einer ganz ungemein thätigen Theilnehmung er sich dieses Instituts, als Direktor desselben, angenommen hat, um nicht nur seine äussere Verfassung immer mehr zu verbessern, sondern auch dem Zweck desselben durch Bildung armer
Waisen immer näher zu kommen, das ist dem grösten
Theil unserer Mitbürger bekannt. Ausser der sehr
sorgfältigen und fleißigen Aufsicht über dasselbe gab
er mehrere seiner Schriften zum Besten desselben heraus, nemlich: seine Grundrisse von Predigten,
sein Sonntagsblatt, seine Weihnachtsgeschenke,
den verbesserten Katechismus, Grundsätze der
christlichen Religion, und das hanauische Magazin. Die gedruckten

Nachrichten von diesem Ev. luth. Waisenhause,
die er jährlich herausgab, und wovon 14 Stücke vor-
handen sind, suchte er sehr zweckmäßig zu machen.

F 5   Ausser

Auſſer verſchiedenen auf dieſen Gegenſtand paſſender
Materien, die in den erſtern befindlich ſind, erzählte
er in den übrigen die Geſchichte verſchiedener berühm=
ter Waiſenhäuſer in Deutſchland. Mit der größten
Wahrheit konnte daher einer ſeiner innigſten Freunde,
der unſern Verewigten ſelbſt in einem ſeiner Briefe
an ihn, ſeinen erſten und älteſten Freund nannte, dem
er ſo gern verdanke, daß ſein Herz durch Lektüre fühl=
bar geworden ſei — der Herr Legationsrath Bo=
de in Weimar, in ſeinem Brief an mich nach Stock=
hauſens Tod das Urtheil fällen: „ Sein öffentli=
„ ches Leben war ein unaufhörliches faſt ängſtlich ge=
„ wiſſenhaftes Streben, nützlich zu ſein; ſein Lohn
„ wird Ruhe ſein. „ Hier muß ich noch, ehe ich
unſern Stockhauſen als Gelehrten ganz verlaſſe, die
berühmten Männer nennen, mit denen er zum Theil
in ſehr inniger Freundſchaft gelebt hat, und die ich
noch nicht angeführt habe. Denn auch dieß wirft
nicht wenig Licht auf das Ganze ſeines Karakters.
Alle kann ich ſie zwar nicht nennen, alſo nur einige,
ohne abſichtliche Auswahl. Kanzler Cramer,
Hirſchfeld, Klopſtock, Heinze, Heine, Pütter,
Velthuſen, Jeruſalem, Gärtner, Ebert, Ro=
ſenmüller u. a. m. Auch viele, die ihn nicht von
Perſon kannten, ſchätzten und liebten ihn. So ſagt
unter andern Herr Profeſſor Schummel zu Liegnitz,
in einem ſeiner Briefe an ihn: „ Schon als Knabe
„ fühlte ich Ehrfurcht und Achtung für Sie; denn
„ Ihre Briefe haben mich bilden helfen. „

Von ſeinem häuslichen Leben werde ich nicht viel
mehr zu ſagen haben, da ich zum Theil ſchon hier und
da manches davon erzählt habe. Ein guter Freund
war ihm immer ſehr willkommen, und ohne daß er
ſich durch einen freundſchaftlichen Beſuch an ſeinen
Berufsgeſchäften ſtören ließ, ſo fand man an ihm im=
mer einen heitern, aufgeweckten, lehrreichen und unter=

hal=

haltenden, aber auch nach Befinden der Umstände, ernsthaften Gesellschafter. Der immer noch anhaltende Schmerz, den seine hinterlassene Wittwe empfindet, und der wohl nie ganz heilen wird, ob sie sich gleich als eine wahre Christin in der Überzeugung von dem sanften christlichen Ende ihres nur auf kurze Zeit verlohrnen Gatten fasset, ist ein sicherer Beweis, wie ruhig, wie zufrieden, wie glücklich sein häusliches Leben in dieser Rücksicht war, obgleich seine Ehe kinderlos war. Diesen Mangel wußte er gewissermaßen zu ersetzen, und auch hierin zeigt sich eine schöne Seite seines Herzens. Er hatte sehr lange Zeit beständig Verwandten von seiner und seiner Gattin Seite bei sich. Er liebte sie alle, vorzüglich die beiden Nichten, die eine lange ununterbrochene Reihe von Jahren bis an seinen Tod bei ihm waren, die ihm ihre gute Bildung zu danken haben, kurz, für die er gänzlich zärtlicher lieber Vater war, und die eben dadurch einen Beweis von meiner Behauptung geben, daß sie den Verlust ihres Wohlthäters, ihres andern Vaters noch tief empfinden.

Ich komme nun auf den letzten Auftritt seines Lebens. Könnte ich ihn doch so schildern, wie es der letzte Auftritt eines sanft einschlummernden ächten Christen verdient. Doch ich kann, ich will nur blos kurz erzählen. Schon zu Anfang des Augusts 1782 überfiel ihn eine harte Krankheit, die uns seinen Verlust drohete, und nach dem Zeugniß des Arztes war es die nemliche, die uns ihn zwei Jahre hernach raubte. Wie gelassen er schon damals dem Tode entgegen sahe, wie sehr sich die Liebe seiner Gemeinde auch bei dieser Gelegenheit zeigte, wie empfindlich gerührt er darüber war, das alles kann ich nicht besser darthun, als mit einer Stelle aus der Predigt, die er nach seiner damaligen Wiedergenesung hielt, und die ohnehin noch nicht gedruckt ist. Er sagt daselbst im Eingang:

gäng: „Heüte vor sieben Wochen kam ich krank von
„dieser Kanzel, und ich konnte nach dem heftigen
„Ueberfall, den Gott über mich verhängte, nicht
„wissen, ob ich sie jemals wieder betreten würde.
„Ich mußte wirklich einige Tage daran zweifeln.
„Das waren trübe Tage, dunkle Nächte. Nicht,
„als ob ich ungern dem Wink meines Gottes gefolgt
„wäre, wenn er mich in eine andere Welt gerufen
„hätte, — wir leben und sterben ja dem Herrn —
„auch nicht, als ob ich mit Murren und Ungeduld
„mein Leiden ertragen hätte — Gott gab Gnade,
„daß ich mit Gelassenheit mich unter seine gewal=
„tige und väterliche Hand, die ich schon mehrmals
„erfahren, demüthigte: — aber eine gewisse Weh=
„muth ergriff mich doch, dieß darf ich nicht leugnen,
„da ich mich auf dem Punkt einer langen Trennung
„von Freunden und einer Gemeinde sah, die ich im=
„mer herzlich liebte, und erst bei dieser Gelegenheit
„erfuhr, wie sehr. Und Wehmuth voll Rührungen
„der Dankbarkeit war es auch, da ich so viele Be=
„weise eines allgemeinen Wohlwollens aus allen
„Ständen, ja selbst von Kindern gewahr ward, die
„an meinen Umständen mitleidig Theil nahmen. Es
„war mir Trost in meinem Leiden. Ich lobte auch
„Gott dafür, der mir so viele Herzen zugeneigt hat=
„te, mehr als ich selber wußte und dachte. Denn
„wie ich in meinem ganzen Leben ohne Ruhmredig=
„keit einen herrschenden Trieb in mir empfunden
„habe, Freund der Menschen zu sein, und bei aller
„meiner Schwäche, von der ich mich nicht lossage,
„niemand, wenigstens mit Vorsatz, zu beleidigen,
„so habe ich auch das immer für mein größtes Glück,
„für meinen einzigen Reichthum gehalten, Freunde
„zu haben, und wenigstens von keinem erklärten
„Feind etwas zu wissen, ohne aufrichtige Versöh=
„nung mit ihm zu suchen. Diese Erquickung fühl=
„te ich auch wohl in meinem Bewußtsein und in

„dem

„ den Erklärungen eurer Liebe, in dem Zustande, wo-
„ bei man sonst sowenig irrdischer Erquickungen em-
„ pfänglich ist. „

Ich kann nicht umhin, bei dieser Gelegenheit
einen Beweis zu geben, wie sehr der Verewigte auch
von den Grossen dieser Erde geschätzt wurde. Der
Durchlauchtigste Herzog Ferdinand zu Braunschweig und Lüneburg, der sich eben damals zu
Wilhelmsbad aufhielt, besuchte ihn in seiner damaligen Krankheit, und blieb länger als eine halbe
Stunde bei ihm.

Wer hätte damals, da wir für sein Leben so ban-
ge waren, und ihn uns Gott doch wieder schenkte,
nicht hoffen sollen, daß wir ihn nun noch viele Jahre besitzen würden! Doch nein! Schon im März d.
J. fieng er an, Unpäßlichkeit zu spüren, aber erst im
Junius brach seine Krankheit völlig aus, doch so,
daß er immer noch, wiewohl oft unterbrochen, bei
grosser Schwäche den Unterricht bei der Durchlauchtigsten Prinzeßin Friderike zu Hessen, zur Vorbereitung Ihrer Confirmation fortsetzen und endigen
konnte. Eben diese Confirmationshandlung am Samstag den 17 Julius d. J. war mit der öffentlichen
Austheilung des heil. Abendmahls am folgenden Tage seine letzte öffentliche Amtshandlung, und die ganze zahlreiche Versammlung, die bei dieser feierlichen
Handlung zugegen war, weiß, wie sehr schwach und
krank er schon damals war. Ich brauche es gar nicht
zu erinnern, daß, wenn ihn Fleiß, Vorsicht und
Hülfe der Aerzte, vorzüglich des Herrn Oberhofrath Kämpfs und das heisse Bitten und Flehen so
vieler seiner Freunde, hätte retten können, so würde er gewiß noch unter uns wandeln. Aber — sein
Lohn sollte jetzt schon Ruhe sein.

Wiewohl man wenig Hofnung mehr zur Wie-
derherstellung hatte, so gieng er doch noch den 22
Julius nach Schwalbach, um dort unter Gottes

See-

Seegen die letzte Hülfe zu suchen, aber vergeblich. Er blieb dort so krank und wurde es noch immer mehr, daß er die Stube nicht verlassen und das dortige mineralische Wasser nicht brauchen konnte. Doch sein Geist blieb immer noch sehr munter, so äusserst entkräftet auch sein Körper war. Ein Beweis davon ist nachfolgendes kleine Gedicht an seine Gattin, vielleicht auch nur ein Bruchstück, das dort aus seiner Feder floß.

Daphne, die Stund, ist vorüber — die langgefürchtete
Und doch so seelige, die mich dem Himmel gab!
Du glaubt'st mich im Sturm — nur eine Welle
                        wars, die mich zum Haven warf.
Ach, ich sah dich wohl mit deinem Thränentuch
An mein Lager gelehnt, sah deinen stillen Schmerz,
Doch dein und mein Gott, Daphne, war über
                        uns, der die Trennung gebot.
Trennung auf kurze Zeit —
War das der Tod? Nicht das Gerippe; der Engel Gottes wars —
Doch Daphne laß mich ihn nicht zum zweitenmal
sehen.

Er kam den 5 August von Schwalbach aber nicht besser zurück. Bald wollten sich noch Spuren von Hofnung zur Besserung zeigen, bald verschwanden sie wieder. Seine christliche Gesinnungen zeigte er auch in seinen Reden; vorzüglich aber sahe man in den letzten Tagen seines Lebens, so viel er noch Kräfte zur Sprache hatte, daß davon der Mund übergehe, wovon das Herz voll ist. Den Tag vor seinem Tode sagte er des Morgens mit einer freudigen Miene: Nun wir denn sind gerecht worden durch den Glauben, so haben wir Friede mit Gott durch unsern Herrn Jesum Christ. Ach der Friede geht über alles; Ein herrlicher Friede. Als er
des

des Mittags die seinigen nur ein wenig essen sah, um nicht ganz unterzuliegen, so sprach er von dem Abendmahl des Herrn, und sagte, daß er sie auch dort oben dabei erwarten wolle, und bald darauf mit einer lächelnden Miene: „Ach wandelt in der Liebe, wie ich immer gepredigt habe, und beweiset eure Liebe auch in Werken. Am Nachmittag brach er in die Worte aus: Ich werde nicht sterben, sondern leben, und des Herrn Werke verkündigen, das sage gelegentlich allen guten Freunden." An eben diesem Tage wachte er von einem sanften Schlummer auf, als den Herr Oberhofrath Kämpf da war, er sah ihn an, lächelte, reichte ihm die Hand, und drückte sie ihm recht stark zum Beweis seiner Dankbarkeit und ließ sie lange nicht los. Sein Lächeln war noch mehr als Lächeln; es war der Ausdruck innrer Freudigkeit. Als er in der Nacht um 2 Uhr die letzte Arznei nahm, so rief er aus: Das Blut Jesu Christi des Sohnes Gottes macht uns rein von allen Sünden. So ist das Sterbebette des ächten Christen. Endlich kam seine Stunde. Er schlummerte sanft und ruhig ein, Samstags den 4 September, Mittags um 12 Uhr. Friede sei mit seiner Asche!

Seine Krankheit war nichts anders als eine Infarctus, so wie sie Herr Oberhofrath Kämpf in seinem vor kurzem herausgegebenen Buch beschrieben hat, oder eine Verstopfung und Verstokung der Pfortader und Hämorrhoidalgefässe im Unterleib, welche wohl von dem allzuvielen Sitzen mit herkam.

Soll ich nun noch die Tugenden des Verewigten, seine gute Eigenschaften, die Züge seiner guten edeln Seele besonders namentlich anführen? Doch, da man sie schon überall in meiner Erzählung gefunden haben wird, so will ich ihn lieber noch einmal selbst reden lassen. Unter seinen Papieren fand ich folgenden Aufsatz mit der Ueberschrift: mein Kas-
rak-

rakter. Schade, daß es abermals nur ein sehr kur-
zes Bruchstück ist, das mitten in einer Periode auf-
hört. Wie lehrreich würde es sein, wenn er es ganz
ausgeführt hätte. „Gott! ich sollte an meinem
„Herzen zweifeln, ob ich aufrichtig und ohne Falsch
„bin? — Ich kann nicht nur fehlen, sondern ich
„fehle oft; ich weiß es und suche mich zu bessern.
„Ich kann in der Hiße des Affekts, sonderlich, wenn
„mich Jemand Unrechts beschuldigen will, auffah-
„rend und ungelehrig sein, weil ich gewiß niemals
„unrecht thun wollte, aber in der kühlern Stun-
„de der Selbstprüfung, wenn ich mich genau durch-
„suche, bin ich so sehr gebeugt, als es Jemand sein
„kann, falls ich mich in dem Unrecht finde, das
„aus Uebereilung — „

Ich schliesse mit einer Stelle aus dem Brief einer seiner Freundinnen, den sie den 5 Sept. an mich
schrieb, ohne noch seinen Tod zu wissen. „Ach Gott!
„wenn hie und da und dort ein Edler fällt, dann ist's
„erlaubt zu trauren; und Stockhausen wird ein
„Verlust sein, den ich nach besondern Grundsäßen
„erwäge und immer grösser werden sehe. Wollte
„doch Gott den Mann noch erhalten? Doch wer
„darf sagen: Mach ihn noch nicht glücklich? Ist
„das Dank an den Mann, der so treuer Freund ist?
„Es ist kein Dank, aber es ist eine Folge der Ueber-
„zeugung von der Stelle: So du willst, so kannst
„du. Und hierauf hält der liebende Freund bei der
„bedrohenden Trennung alles. Wer weiß es besser
„als ich! Nur selten aber erfährt man, daß es Got-
„tes Wille ist. Und wer kann ihn meistern? Gewiß
„ist's, Stockhausens Freunde verlieren weinend ihn.
„Hättens als Christen weniger Ursach. Sein Zirkel
„verliert und noch mehrere viel. Weinen Sie alle
„in diesem Zirkel. — Nicht wahr wir wollen wün-
„schen, daß sein Gutes auch auf uns fortwirke? „